Learning the basics of
Entrepreneurship

はじめての
社内起業

「考え方・動き方・通し方」実践ノウハウ

新規事業インキュベータ
石川 明
AKIRA ISHIKAWA

カッコいい大風呂敷と、地味な一歩

――くらた まなぶ

1993年当時、株式会社リクルート新規事業開発室のフロアに掲げられていたスローガン

はじめに

本書は、企業人として「社内起業」（新規事業開発）という大きな課題に取り組むことになったあなたに「伴走」するための一冊です。検討開始から社内承認を経て、事業化にいたるまでの長いプロセスで、孤軍奮闘になりがちな担当者のガイド役を務めたいと思って書きました。

多くの企業人にとって、新規事業の立ち上げは初めての経験でしょう。私はこれまで、どう進めればよいかわからず困惑する新規事業担当者を数多く見てきました。

たしかにその手助けとなるツールは世の中にあまりありません。現場ですぐに役立てられる書籍もノウハウを学べる場もそう多くはなく、指導を仰げる先輩も社内にいないのが実情です。

その結果、担当者は社内で孤立しがちです。時に壁にぶつかり、意気消沈することもあります。新規事業への取り組みは最初から最後まで、難題の連続です。

担当者の多くは「何から手をつけてよいかわからない」「事業アイデアが思いつかない」「苦しいのに、社内から適切な支援が得られない」といった悩みを抱えています。

ＭＢＡなどで経営学を学んだ人も、これまでの実績が評価されてきた人も、その例にもれません。知識や通常の実務能力だけではうまくいかないのが「社内起業」(新規事業開発)です。未知の領域を開拓する以上、いままでの知識や経験だけでは対処できない異なるハードルが待ちかまえています。

「100社・1500案件・3000名」の実務経験

そんな新規事業担当者の方々を支えるのが私の役割です。

私の仕事は「インキュベータ」。これは「卵を孵化《ふか》させる者」という意味です。つまり、新規事業案という卵を孵《かえ》し、実現させる、という仕事です。

新規事業を立ち上げる人に寄り添い、時にはメンバーとしていっしょに企画を考え、時には斜め後ろあたりにピタリとついて支え、時には必要な知識や有効なスキルをレクチャーし、事業化までを支援するのが私の仕事です。

その原点は、リクルートの社員だった時代にさかのぼります。同社の起業家精神を最もよく体現し、「ゼクシィ」など数多くの新事業をボトムアップで生み出してきた社内の起業提案制度「New-RING」の事務局を7年務めました。

リクルート社内で自らもいくつかの新規事業を立ち上げた後、インターネットの総合情報サイト「All About」を起業。ジャスダック上場を経て10年間事業運営に携わった後、2010年に独立。独立後も早稲田大学ビジネススクール研究センターの研究員、SBI大学院の教員、企業研修の講師、企業のアドバイザーとして、一貫して「新規事業開発」畑で仕事をしています。

これまで27年間の通算で、業種や規模を問わず、「100社・1500案件・3000名」のさまざまな新規事業の開発プロセスを見てきました。

「企業におけるボトムアップによる新規事業開発」というニッチなフィールドで見てきた、陥りがちな失敗、見逃しがちなポイント、迷路に入り込んでしまった時の抜け出し方など、スタート地点から事業化までの全プロセスにわたるさまざまな経験から得た知見を、この一冊に凝縮しました。

社内起業家に不足しがちな「実践的」ノウハウ

本書ではMBAで学ぶような経営学のセオリーにも触れますが、多くは私がさまざまな企業の仕事を通じて経験的に学んで得た、組織の実情に合わせた「実践的」ノウハウです。

市場分析、戦略立案、プランニングなどに関してはさまざまな経営学的手法が知られていますが、その「手前」、つまり「社内で企画案をどう通すか」「経営陣と目標を共有するには」「進め方をオーソライズするには」といったノウハウを記した本はほとんどありません。

実はそれらこそが成否を左右する大事なポイントなのですが、経営学者でもこの部分の知識は教えられません。実地で経験した者でなければ、語れない領域なのです。

本書では通常の経営学の書籍にはない役割を果たせれば、と思っています。

リクルートでは、「事業とは『不』の解消」と考えます。本書では、この考え方を軸に話を進めます。

中でも特徴的なのは、第5章で登場する「『不』を解消するための国語・算数・理科・社会」という事業プランニング法です。これまで業種を問わず30社ほどの企業で導入していただきました。どの企業でも高い評価をいただいており、自信を持っておすすめする思考フレームです。

ほかにも、知っていただきたいノウハウをできるだけ多く盛り込みました。

検討プロセスを誌面上で疑似体験

私が実際に企業のプロジェクトに参加する場合には、新規事業の立案に着手してからその内容を役員にプレゼンするまでに、おおむね3か月から半年をかけます。

本書ではそのプロセスを誌面上で再現することで、どんな順序で検討を進めていけばよいのかを「疑似体験」していただけるように構成しました。

これからゼロから検討を始める方は最初から読み進めていただければよいですし、すでに途中まで検討をされている方は途中の章から読んでいただいてもかまいません。章ごとに、私の経験や企業の実例を盛り込み、経営学の知識がなくても抵抗なく読み進めていただけるよう配慮しました。

この本を通じて身につけていただきたい力

本書を開いていただいた方の中には、「やっとこのチャンスが巡ってきた」と意気込んでいらっしゃる方もいれば、「とても難しいミッションだ」と不安な方もいるでしょう。

たしかに新規事業の創出は簡単ではありません。大変な仕事です。ですが、こんな機会が巡ってくるのは企業人にとって貴重な機会だとも言えます。読者の皆さんにはぜひこの機会を活かしていただきたいです。

折しも日本市場は成熟化から縮小へ向かっていると言われます。もはやシェア争いをしているだけで事業を拡大していける時代ではありません。企業として世の中にどんな新しい価値を生み出していけるかが問われています。

そこで働く企業人にも、自ら事業を生み出す力が求められています。合理化・効率化のための管理能力に加えて、これからは、新たな価値を創造していく力が求められています。それが次世代のリーダーが持つべき資質なのです。

よいプランを立てれば必ず実践できるというものでもありません。人を巻き込み、組織を動かし、資源動員をしないと事業は立ち上がりません。しかしだからこそ、これまで培った企業人としての総合力がフルに活かせる、とも言えるでしょう。

新規事業への取り組みは、その格好のトレーニングの場となるでしょう。

困難な道ではありますが、新しいことに取り組むよろこびもまた大きなものです。

本書を通じ、あなたの新規事業開発のゴールまで伴走させてください。

2015年7月

石川　明

はじめての社内起業 「考え方・動き方・通し方」実践ノウハウ 目次

第3章 新規事業の担当になったらまずすべきこと

第4章 新規事業をつくり出す その❶ どこへ「最初の一歩」を踏み出すか 検討範囲に当たりをつける

第5章

新規事業をつくり出す　その❷
見つけた領域に勝機はあるか
ビジネスチャンスを探す

第6章

新規事業をつくり出す　その❸
「アイデア」から「プラン」へ事業のしくみを考える

第7章

新規事業をつくり出す　その❹
「プラン」から「計画」に事業企画書をまとめる

序章

会社員だからこそできる「起業」がある

0.1

あなたも起業家になれる

「会社の中から起こす事業」で、世の中を変えられる！

リクルートの情報誌＆ｗｅｂサービス、「ゼクシィ」をご存じない方は少ないでしょう。結婚式を挙げるカップルのほとんどが一度は利用すると言われるポピュラーな媒体であり、リクルートグループ内でも、いまや数百億円もの売上を稼ぐ中核事業の１つです。

この事業は１９９１年、私と同期入社で、当時26歳だった１人の女性の、ごく小さな起案から始まったものです。

起案のきっかけは、結婚を控えた友人のひと言だったと言います。

「自分に合った結婚式を挙げたいのだけど、探し方がわからない」。

その不満を解消する方法はないか。これまで就職、住宅、旅行、中古車などの広告を取り扱ってきたリクルートが、その情報サービスのノウハウを活かすことはできないだろうか。彼女はそう考えて、社内の起業提案制度「ＮｅｗＲＩＮＧ」に応募したのです。最初はこのように、若い一社員の小さなアイデアでした。

しかし、少しずつ理解者や支援者が社内で増えていきました。「アイデア」は「プラン」となり、さらに「事業計画」となりました。

そして社内で正式に起案され、取締役会議で事業化承認を受け、人と資金が投入され、ついに１９９３年、世の中に出ることとなったのです。

誰もが「自分らしい結婚式」を挙げるための情報収集ができる。ゼクシィは、その環境を世の中に提供しました。結果、日本の結婚式のありようも大きく変わりました。海外挙式や人前結婚式、レストランウエディングなど、さまざまなバリエーションが生まれました。若い社員のアイデアが、日本の結婚式文化を変えるほどの事業に育ったのです。

このケースは、新規事業の成功例の１つです。１人の社員の思いと企業の力がうまく組み合わさって、大きな事業へと成長しました。

それは決して簡単なことではありません。成功するまでに、多くの障壁や問題が発生します。しかし**成功すれば、それは世の中に大きな影響を与える、素晴らしい成果へと実を結ぶ**ものなのです。

「入社時の志望動機」はなんでしたか？

新規事業の担い手になったら、一度、入社時の志望動機を思い出してみましょう。

いまの会社に入った時、どんな仕事をしてみたいと思っていましたか？

入社までの経緯は実に千差万別でしょう。しかしいずれの場合も、最後は自分の意志で入社を決めたはず。つまり、すべての人に「志望動機」があったはずなのです。

志望動機を、報酬や労働条件だけで決める人はほとんどいません。誰もが、「自分の強みを活かして、価値ある製品やサービスを世の中に提供したい」という思いを少なからず持っていたでしょう。そして長く働くにつれ、報酬のためだけではなく、「誰かによろこんでもらいたい」「世の中の役に立ちたい」という気持ちが大きくなるものです。その思いの強い人ほど、高いモチベーションを持って活躍されている方が多いこともたしかです。

新規事業の原点もそこにあります。**「自分の会社が、世の中の役に立てることはないか」。そのシンプルな問いかけが第一歩。**それを具体的な形にしていくことが、新規事業開発という仕事なのです。

社内起業家のチャンスは「自分・会社・世の中」の接点にある

組織の中で働いていると、時に自分の仕事の「意味」が見えなくなることがあります。誰のために、どんな価値を生み、どう役立っているのかがわからなくなると、仕事の意義が実感できなくなってしまいます。新規事業を検討する機会は、そうした意義を再発見する機会にもなるでしょう。

自分1人ではなく、「会社を通じて」事業を起こすというポイントが重要です。たった1人の力で世の中に貢献することは難しいですが、会社の力を活用すれば、何倍もの影響力を世の中にもたらせます。世の中で望まれ、よろこばれることを事業として仕立てれば、会社にも大きな収益をもたらせるでしょう。

もちろん、自分のやりたいことがそのまま実行できることはめったにありません。大事なのは、**「世の中のニーズ」と「あなたが実現したいこと」と「会社の目指す方向性」、この3つを満たすこと**です。この合致点を見つけられたら、それに勝る起業はありません。

ぜひ自分と世の中と会社の接点を探してみてください。それが新規事業の醍醐味です。

0.2 企業はなぜ新規事業に取り組むのか

企業とは、「ヒト、モノ、カネ」といったさまざまな社会資源を1つに集めて「効率的に価値を生むためのしくみ」です。知恵やノウハウを蓄え、技術を発達させ、ブランドを築くことを通して、世の中の課題解決を可能としてきました。そう、世の中の誰かが抱えている「課題」を効率的に解決すること、それこそが企業の存在理由です。

環境の変化に合わせられる企業だけが生き残る

一方、「世の中の抱える課題」は、時代によって移り変わるものです。それをいかに把握するかも、企業にとって重要な生命線です。

ダーウィンは、「最も強い生命体とは、身体が大きいのでも力が強いのでもなく、環境の変化に対応できる生命体だ」と言いました。

企業も同じです。どれだけ売上が大きくても、収益性の高い製品を持っていても、それだけで「強い」とは言えません。事業環境の変化に合わせ、変わり続けることが必要です。

小さな変化には「改善・改良」する程度で対応できますが、大きな変化には、主軸となる製品・サービスを変えたり、別の業態に変えたり、新たな業界に参入したり、といった対応をしなくてはなりません。

たとえ大企業であっても、環境の変化に対応できないと急激に業績は悪化し、市場から撤退せざるをえなくなることは、液晶テレビやコンピュータ市場における有名企業の栄枯盛衰の例を振り返れば明らかです。

世の中に足りないもの、世の中が求めているものは何か。刻々と変化する環境とニーズに合わせた事業を生み出し続けないかぎり、企業は生き残っていけないのです。

既存事業が好調な時こそ、新規事業に取り組もう

運営する事業の盛衰に合わせた先読みも必要です。

事業には、「成長期」「成熟期」「衰退期」というサイクルがあります。

現時点で主力事業が好調であるとしたら、それは逆に言えば、この先成熟期に入れば成長が鈍くなり、衰退期に入れば事業が縮小する、といった可能性があるということです。

ならば、調子のよい間に手を打たなくてはなりません。

つまり、**新規事業の検討は、好調時にこそ始めるべき**です。

好調時は、必要な資源（ヒト・モノ・カネ）も有利な条件で調達しやすいものです。調子が悪くなってきてから「このままではまずい」と着手してもなかなかうまくいきません。実際、着手が遅れたために負のサイクルにはまってしまうケースは数多くあります。

長く安定的によい業績を維持している企業は、本業が調子のよい時に、裏では並行して次代を支える新規事業に投資しています。成長期・成熟期・衰退期にある複数の事業が「つづら折り」のように重なることにより、企業経営全体が複層的になり、安定するのです。

0.3 新規事業こそ自分自身の成長のチャンス

企業が時代の変化につねにさらされているのと同じく、企業で働く個人にも、変化が求められています。

私はさまざまな企業で研修を行っていますが、人事部の方とお話ししていると、とくに近年、企業人に求められるものが大きく変わってきていると実感します。

これまでのリーダー人材育成研修は、役職に応じた知識やスキルを学ぶ内容が中心でした。しかし最近は、知識のインプットは最小限にとどめ、「新規事業案を考えよ」といった課題が与えられるような、企画立案型の研修が増えています。

また、大企業における役員や管理職の登用にも変化が見られます。従来は、基幹事業で着実な成果をあげてきた人がおもに登用されてきました。しかし最近では、海外子会社や新規事業の立ち上げなどの実績が、より評価されるようになっています。

これらは、**企業が社員に、「管理・マネジメント系」の能力に加えて、「創造・変革系」**

の能力を求め始めている現れではないかと私は見ています。

マネジメント能力とは、あらかじめ定められた目標と実行方法を的確につかみ、確実・正確・迅速に遂行するための管理能力です。

創造・変革系の能力は、その範囲を超えたところで発揮されます。

事業環境が変われば、そこに合わせた実行方法（Ｈｏｗ）を新たに考える必要が出てきます。さらに大きく変われば、目指すべき目標（Ｗｈａｔ）そのものから見直す必要が出てきます。

新規事業開発という仕事は、その最たるものの１つです。そのための能力を、いま企業は社員に強く求め始めているのです。

またとないチャンスを取りにいこう

もしあなたが、「こんな事業を始めたらどうだろう」というイメージを漠然とでも抱いているなら、ぜひ社内で起案してみましょう。

新規事業は、社会人として大きな成長を遂げられる、魅力ある仕事です。

私自身、大学のＭＢＡコースで講座を担当する身ではありますが、座学だけで起業を学ぶのは困難です。実際に仕事として関わることに勝る学びの機会はありません。

新規事業の検討の過程で学べるものは、起業のための知識だけでなく、経営そのものです。事業運営に関わるすべてのプロセスを俯瞰し、自社の強みと弱みを振り返り、市場の未来を想像し、客観的に既存事業を見つめ直す。こうした広い視野で行う仕事は、ビジネスマンにとって飛躍的な進歩をもたらす経験となるでしょう。

あなた自身は、どんな事業を生み出したいですか。

もしそこに、強い情熱と意志とを注ぎ込めるなら、これからの企業人としての人生は大きく変わっていくでしょう。

そう、「企業人」は決して、指示された仕事を淡々と行う「歯車」ではありません。世の中でもてはやされているベンチャー創業者をはじめとする起業家（アントレプレナー）と同じように――いいえ、それ以上に、「社内起業家（イントレプレナー）」は、世の中を大きく変える原動力の担い手なのです。

その大きなチャレンジに、踏み出してみませんか？

COLUMN

0

「カッコいい大風呂敷と、地味な一歩」

冒頭（P.3）の言葉

この言葉を初めて見たのは、1993年のことです。

ビジネススクールへの留学を終え、リクルートの新規事業開発室に着任した時、オフィスの天井からつり下げられたボードに書かれていました。

当時の室長・くらたまなぶさんによる言葉です。

フロアにあったスツール（背もたれのないイス）とミニテーブルの周りでは、いつも「大風呂敷」が広げられていました。「こんなふうになったらいいよね！」「あんなことできないかな？」と、みんなが夢想家となり、「地に足がついていない話」を交わしていました。

そこだけ見ると、なんとも「お気楽」な姿でしょう。しかし、私がその仕事に着手した時に最初に行ったのは、分厚い電話帳を何冊も机に積み、どんな広告が出ているかを数えることでした。そんな地味な作業が、のちのエリア情報誌『ホットペッパー』の事業アイデアへとつながっていくのです。

「カッコいい大風呂敷」は、共感と支持、そしてパワーを生むもの。「地味な一歩」は、それを確実に実現するためのもの。

これら両者をきちんと兼ね備えているか――この言葉はそれ以来、新規事業に取り組む時の私の信条になっています。

第1章

新規事業の基礎知識

1.1 独立起業にはない「社内起業」のメリット

利点は「資金」「人材」「信用」

「起業」というと、ゼロから会社組織を立ち上げるイメージを持つ方が多いでしょう。ですが実際には、すでにある企業を母体として行う「社内起業」のほうが圧倒的に多数派です。社会の活性度を新規開業率のデータで示すことがありますが、私は世の中の多数を占める社内起業の件数こそが、社会活性度を示すと考えています。

一般に独立起業には、

①資金（初期費用、事業運営のための現金、黒字化までの会社維持資金）
②人材（採用による「数」と「質」の確保）
③信用（新規取引の難しさ）

という3つの「壁」があります。

大きな可能性を秘めながら事業を継続できなかったベンチャー企業の経営者から、「あの時にキャッシュがもう○千万あれば……」「営業ができる人材をタイムリーに採用できていれば……」「商品はよかったのになかなか扱ってもらえなかった」といった声をよく聞きます。

この**独立起業の３つの壁は、そのまま社内起業の利点に言い換えられます**。

この「資金」「人材」「信用」という視点をもう少し掘り下げてみましょう。

①資金

独立起業が資金を調達する時は、ゼロから金融機関と折衝しなくてはなりません。対して社内起業の場合、必要なのは「社内での予算獲得」です。もちろんこれも容易ではありませんが、創業したてで信用のない企業が融資を受けるのに比べれば格段の差があります。自己資金のみで始める独立起業に比べ、社内資金に余裕があれば初期投資もより大きくできますし、黒字化までに時間的な余裕がある分、大胆な策も可能です。

②人材

新たに事業を運営するには、その分野の専門知識のみならず、物流、決済、経理、総務、人事、法務など、多くの知識が必要となります。社内起業であれば、それぞれの分野のプ口が社内にいるので、社外に教えを請う必要もありません。同じ社内のメンバーならコミュニケーションも取りやすく、効率よく意思疎通できます。

人材獲得上のメリットもあります。必要な人材を希望どおりに配属してもらえる――とまではいかなくとも、新規採用に比べれば、社内の異動配属のほうがはるかに機動的に人材を獲得しやすいでしょう。

③信用

私は、社内起業の最大のメリットは、なによりこの「信用」だと思っています。独立起業の場合、起業した当事者はもちろん、その取引先もリスクを負います。「信用」があってこそ、取引先もリスクを取って付き合ってくれるのです。これは業務委託するパートナーも、買ってくれるお客様も同じです。

新規事業担当者は、この3つのメリットを十分に認識し、それらを活かすことを心がけましょう。社内から会社を動かし、経営資源を動員することは、新規事業開発マンの大事な仕事なのです。

1.2 「社内起業」ならではのハードルを越える

一方で、社内起業ならではの「壁」もあります。ここで重要なのは、その壁を認識し、対策を打つことです。次に挙げる5つのケースは、会社組織ならば必ず起こりうることです。新規事業担当者はこれらを「想定内」と捉え、事前に対応策を考えておきましょう。

①既存事業とのカニバリゼーション（社内競合）

まず考えられるのが、既存事業と新規事業の社内競合関係です。社内競合を避けようとして、顧客不在で既存事業との差別化を意識してしまうケースがありますが、それでは本末転倒です。

既存事業との兼ね合いは、価格にも影響します。価格を低く設定して既存製品に取って代わってしまうと、数量が変わらなければ売上は減少します。そこで後発製品はあえて高価格化を志向しがちですが、顧客ニーズと乖離してしまうケースもしばしば見られます。

社内競合を避けつつも、社内事情に偏って顧客視点を見失わないよう注意が必要です。

経営資源の配分でも競合が起こります。会社側は未知数の新規事業より、投資対効果の読みやすい既存事業を優先しがちですが、強気で経営資源獲得に努めましょう。

②過剰な保守意識

人間は本来、保守的な生き物です。「できることなら変わりたくない」と思っています。長い時間をかけて少しずつ最適化してきたものを大きく変えることに抵抗を持つのは当然です。また、合理的な理由以外に「愛着」という非合理な要素も加わります。

会社内における保守性を破るためには、大きな勇気と決断が必要です。ある程度の摩擦は覚悟の上で、周囲に対し現状の課題を伝え、将来への展望を語り、変化を促しましょう。

③スピード感

大きな組織ほど、経営の判断と実行のスピードは遅くなります。階層が増え、機能が細分化しているため、段階ごとの決裁、広い範囲への確認や報告が必要となるからです。

一方で、新規事業にはスピード感が不可欠です。誰もが未体験な領域に乗り出す以上、トライ&エラーのサイクルの早さと回数が勝負を決めます。また、それぞれの会社には「体内時計」があり、自然に染みついた時間感覚は簡単には変えることはできません。とくに、

「体内時計」の遅い会社は注意が必要です。トップとのホットラインを設けるなど、自ら社内に働きかけ検討体制を作り上げておくことが必要です。

④危機感

さまざまな壁を乗り越え推進していくための最大の原動力は、現状に対する「危機感」です。しかし、「少子高齢化」「グローバル化」など十年来掲げている経営課題がなんら変わっていない企業では、社内に危機感を持たせることは至難の技です。

危機感はトップが声高に叫ぶだけでは浸透しません。担当者自ら市場で起きているさまざまな事実を社内に提示し、変わらなければいけない意識を作り出す気概が必要です。

⑤インセンティブ

ベンチャー企業のストックオプションのような金銭的インセンティブの提供は、一般企業ではなかなか困難です。新規事業の協力者の昇進を担当者が約束することもできません。

では、どのようにして周囲のモチベーションを上げるか。それは、協力者それぞれの「やりがい」を知ることです。入社動機、会社でやりたいこと、仕事に対する誇りなどがどこにあるか、ヒアリングを重ねて把握し、それらを充足する仕事の機会を提供しましょう。

EPISODE

社内の「壁」を越えられなかった私の悔しい経験

かく言う私も、新規事業ゆえの難しさにはさんざん苦労しました。自信を持って出したアイデアは社内承認を得られず、廃案となったことも数知れず。その原因の多くはやはり、既存事業との兼ね合いでした。

当時のリクルートの事業は、企業からの広告収入が中心でした。『ホットペッパー』のように、飲食店情報を有料広告で掲載する事業を行っていると、「食べログ」のような無料で店舗情報を掲載するメディアを作ろうとしても、承認を得ることは難しいです。

自動車の個人間売買を支援するサービスを起案した時も、社内競合が危惧されて却下。ネット時代に利用者ニーズが高まっていることはわかっていつつも実行できなかった、悔しい例です。

社内競合が想定される事業案は、組織の下層から起案しても途中で案がつぶされるケースが多々あります。ですからトップに直談判して、中長期的に見てどうすべきかの経営判断を仰ぎ、それを下に落としていく形にしないとうまく進まない、ということを学びました。役員会議の前にはトップへ根回ししておくことを、ある時期から心がけるようになりました。

ところが、それでもうまくいかなかったこともあります。

新築マンション広告の仕事で、従来は「棟単位」で広告出稿していただいていたのを、「住戸単位」でも出稿いただける新サービスを事業化したことがありました。

これは将来のネット時代を見越した中長期的な視点に立ったもので、当時の担当役員からも支持を得ることができました。ところが事業化後、うまく推進できなかったのです。

一番の原因は、現場で広告を売る営業マンの支持を得られなかったことにありました。なぜなら、営業マンにとって業務が煩雑になる仕事だったからです。「この手間をかけてまで取り組むべきサービスである」としっかり説得できていれば、違った展開があったかもしれませんが、結局、現場の理解を十分に得ることはできませんでした。トップと現場、両輪を動かさないといけないことを学んだ経験です。

ちなみにAll About社創業時には、あえて新会社を合弁で設立し、出向社員は転籍前提で起業に取り組みました。社屋も本社から離れたところに用意しました。

このように、可能な範囲で本社から距離を置くのも1つの方法です。本社の存在は、ある時は支えになり、ある時は壁になるもの。それだけに距離の置き方は難しいですが、新規事業ならではの壁を乗り越える時の、選択肢の1つとして意識しておくとよいでしょう。

1.3 事業化までの6つのステップ

新規事業は未経験な領域へのチャレンジですから、先の見えない不安がつねに伴います。担当者はまず、事業化に向けた段取りの全体像を知っておく必要があります。新規事業を立ち上げるまでのステップは、大きく左ページのような流れになります。3章以降でステップごとにくわしく解説しますが、ここではおおまかに流れを紹介しましょう。

ステップ1　事前準備

優秀な法人向け営業マンであれば、営業をかける前に、その会社について情報収集をしてから臨むでしょう。新規事業も同じです。社内資源を得ることは、担当者にとっては社内に営業をかけるようなもの。事前準備の内容がその後の成果を大きく左右します。

会社の歴史や現在の状況、習慣や癖によって、検討方法や承認プロセス、判断基準はさまざまです。自分の会社ではどのようなプロセスを経て審議され、誰がどんな基準で判断

新規事業立ち上げまでの６つのステップ

ステップ１　事前準備

過去の新規事業案件についての「検討プロセス」「判断基準」「予算規模」や、新規事業への取り組みに対する考え方など社内状況を確認し、今後の起案の進め方を考える。

ステップ２　検討することの承認を得る

正式な業務として検討していくことの社内承認を得ておくと、検討過程で社内協力を得やすい。承認の際、①「経営者の問題意識」②「検討方法」についても確認しておく。

ステップ３　検討範囲の承認を得る

あらかじめ検討範囲を具体的に指示されずゼロベースで事業開発を行う場合には、いきなり具体的な企画の検討に入らず、その前に検討範囲に当たりをつけて、事業の方向性にずれがないかを確認しておく。

ステップ４　事業企画の承認を得る

事業企画書を提出し、事業化の社内承認を得る。事業化のために必要な経営資源の投入の約束を取りつけるとともに、事業化にあたっての決め事、条件などを確認しておく。

ステップ５　組織化・予算化

正式な社内承認をもとに、予算を獲得し、組織化をする。関係部署とはそれぞれ直接折衝し、必要な社内協力を取りつける。社外との正式な折衝も開始する。

ステップ６　事業化

承認を得た事業計画に基づき、事業を具現化する。PDCサイクルを早く回し、実際行ってみてわかった知見を社内に持ち帰り、必要に応じて計画の軌道修正を行う。

事前に社内で確認しておきたいポイント

①新規事業開発に取り組む必要を感じているか

②どんな新規事業がよいと思っているか

③どの程度の予算をかけられそうか

④過去にどんな新規事業に取り組んできたか

⑤過去にどんな形で新規事業を検討していたか

⑥過去にどんな基準で新規事業案を判断してきたか

をしていくのかを事前に把握しておきましょう。その際のポイントは、上のとおりです。

これらについてどのように分析・整理していくかは、第3章でくわしくお話しします。

ステップ2 検討することの承認を得る

新規事業は、その検討にコストや時間をかけること自体、会社にとっては投資です。担当者はまず、正式な業務として新規事業を検討していくこと自体について社内承認を得ておく必要があります。

もちろんすべての新規事業が正式な業務から生まれてくるものではありません。「闇研」といった言葉があるように、密かに研究室で続けていた実験から発明が生まれ、事業につながることもあります。実際、新規事業が活発な会社では、多くの社員が自分の業務の範囲を超えていつも何か新たな取り組みを考えています。

しかし、やはり本来の新規事業の強みを活かすには、正式に業務として行ったほうが社内資源を獲得しやすくなります。

承認を得る際には、次の２つをきちんと確認しましょう。

①経営者の問題意識（何に課題を感じ、どこにチャンスを探しているか）

②検討方法（誰が担当役員か、検討体制、意思決定手順、予算、スケジュール）

これらを社内で確認した上で検討を始めるとその後動きやすくなります。

ステップ３　検討範囲の承認を得る

何か具体的な検討テーマが指示されていない場合は、起案する前に、「どんな範囲で検討を進めていくべきか」を確認しておきましょう。

「**既存の枠組みにしばられず、自由に**」と指示する役員の中にも、漠然と「**○○あたりにビジネスチャンスがありそうだ**」とか「**わが社では××はやるべきではない**」というイメージを持っているものです。また、事業規模、投資額、成果を出すまでにかかる時間などにも制約があるでしょう。さらには、複数の役員の間でそれらのイメージがずれていることも多々あります。綿密にコミュニケーションを取りつつ、実像を把握しましょう。

この「検討範囲」の当たりのつけ方については第4章でくわしく述べますが、新規事業の担当者は、経営陣の意思決定がスムーズに進んでいくように、具体例を示して議論しやすくするなど、経営陣をサポートしなければなりません。このプロセスをていねいに進めることで、検討の出戻りを少なくし、スピードを速めることができます。

ステップ4　事業企画の承認を得る

新規事業の目標を定め、目標を達成する戦略を立て、事業の骨格を組み立て、予想される成果と必要な投資額を試算し、作成した事業企画書を提出します。いよいよ事業化の承認を得ます。これが、新規事業開発の最初の山場です（「事業企画の考え方」は、第5・6・7章でくわしくお話しします）。

承認する経営トップだけでなく、社内で協力を求めるべき部署、事業化により影響を受ける他部署の現場責任者も巻き込んで、公的な場で承認を得ましょう。トップの意思決定が現場にきちんと反映されるかどうかで、その後の動きやすさが大きく違います。承認までのプロセスにおける根回し、会議出席メンバーの選定など、十分な目配りが必要です。

事業化承認の場では、左ページの事項について、決裁を得ましょう。

事業化承認の際に決裁を得ておくべき事項

①**立ち上げ方法**
（管轄部門、責任者、事業開始の最終判断の方法 など）

②**収支計画・必要投資額**
（立ち上げ時、初年度、最大累積 など）

③**撤退基準**
（判断時期、判断基準、判断方法）

④**事業化後の運営方法**
（経営への報告のタイミングと方法、新組織内での決裁可能範囲 など）

ここまで決めておくと、後々の運営が非常にスムーズに進みます。

ステップ５　組織化・予算化

事業化が承認されると、組織化され予算がつきます。ここからが、具体的な事業立ち上げの準備の始まりです。

それまでは社内でも秘密裏に検討が進むことが多いと思いますが、この段階まで進んできたら、活動をできるだけ公知のものとし、周囲を巻き込んで推進しましょう（その時の「社内での動き方」は、第８章でお話しします）。

もちろんこの段階でも情報を伏せなければならない部分はありますが、事業を推進していくのに必要な社内協力者や取引先に対しては、できるだけ早くから情報開示するほうがよいでしょう。なぜなら、共感を得ることで先々の協力を得やすくなるからです。

新規事業はそもそも成功確率が低いものですが、苦境に立った時、応援してくれる存在があるかどうかによって、結果は大きく変わります。情報開示の対象を広げることで競合に情報がもれることも懸念されますが、その程度のタイムラグで競合が追従してきて苦戦するようでは、事業の持続的成長はそもそも危ういとも言えるでしょう。

ステップ6　事業化

そしていよいよ事業をスタートさせます。手間と時間と知恵を費やしてきた事業が世の中に出ます。ここからは通常の事業運営と同じですが、立ち上げたばかりの事業だからこそ心がけておきたいことがあります。

新規事業は、本質的に「やってみなければわからない」ものです。ですから、ＰＤＣサイクル（Ｐｌａｎ「計画」→Ｄｏ「行動」→Ｃｈｅｃｋ「確認」）をできるだけ早く回し、製品・サービスを市場に投入し、実行してわかったことを素早く社内にフィードバックして、経営判断をもとに軌道修正をくり返していくことが重要です。

事業企画を起案する段階で、あらかじめ設定しておいた「売上」「販売数」「シェア」などのＫＰＩ（Key Performance Indicators：重要業績評価指標）に沿って、事業の進捗状況を管理していきます。
そしてその内容はメンバー内で周知し、経営トップとも逐次情報を共有しながら進めていきます。やってみて初めてわかったことがあれば、それらに基づいてＫＰＩ自体も修正していくことで、事業を軌道に乗せていきます。

いかがでしたか。事業化までの道のりはたしかに長く険しいですが、次章以降では、事前準備から事業企画作り、起案、そして社内承認まで、新規事業開発のプロセス順に「伴走」してお話ししていきます。

COLUMN

1

「日本型アントレプレナーシップ」のすすめ

「日本人は起業マインドが弱い」「アントレプレナーシップ（起業家精神）に欠ける」という声をよく聞きます。たしかに優秀な学生ほど公務員や大企業に就職したがる、といった傾向もありますが、本当にそうでしょうか？

独立して自分で事業を起こすばかりが、「起業」ではありません。

自分の会社の経営資源を活用し、より価値ある製品やサービスを提供しよう、業界を変えてやろう、もっとよい世の中にしてやろう、という気概を持つ企業人はたくさんいます。それこそが、「日本型のアントレプレナーシップ」ではないでしょうか。

「個人として思いを持っていても、組織の中で埋没してしまう」という声も聞きます。しかし逆に見れば、それは組織と自分を一体化し、当事者意識を持って組織を動かせる可能性をも秘めているということです。ポイントは、「やらされ感」のみで働くか、主体性を持って働くか——その「姿勢」にあります。組織の中での働き方によって、日本人も存分にアントレプレナーシップを発揮できるはずです。

第2章

新規事業担当者に求められるマインド

2.1 担当者になったら「5つ」の覚悟を持つ

これまで私は、数多くの新規事業担当者の方々とお会いしてきました。

みなさん担当者に任命されたことに対し、千差万別な感想を抱いていました。

基本的には、可能性の広がりに心躍らせ、周りからの期待を意気に感じ、肯定的な言葉で抱負を語る方が多いのですが、中には「業務命令だから仕方ない」と義務感のみを語る方や、「自分にこの重責が担えるだろうか」と緊張する方もいました。さらには、「なぜ自分が？」「えらいことになってしまった」と、あからさまに困惑する方も……。

しかし私としては、ここはぜひ前向きに捉えていただきたいです。**新規事業の任務にあたる人は、間違いなく「期待されている人」**なのですから。力量を認められ、次代のリーダー候補であると目されていなければ、この任務は回ってきません。

会社にとって新規事業は大きな投資です。それは開発コストに限った話ではありません。既存事業にいれば高い業績が期待できる人を、あえてそのポジションから外し、新規事業を担当させるということ自体が会社にとって大きな投資なのです。

同様に、担当者にとっても既存事業に携わるよりリスクは高いでしょう。しかし、だからこそ得るものも大きいです。

私も、リクルートからAll About社を創業した時は、出向から転籍するのが前提でした。その中で、「この事業をなんとしても軌道に乗せて飯を食っていく」という、不退転の決意を持って臨みました。

新規事業の困難さについて言い訳を言えばきりがありません。困難であることを「当然」と捉え、強い覚悟を持って臨んでいくことが不可欠です。その姿勢の有無が、自身にとってこの仕事が貴重な経験となるか否かの分かれ目でもあります。

私は、新規事業の担当者になった方々に初めてお会いする時には、次に挙げる「5つ」の覚悟について必ずお話しすることにしています。

①自分から率先して「失敗する」覚悟

新規事業にはマニュアルは存在しません。誰も「こうすればうまくいくよ」と教えてはくれませんから、自らトライ&エラーを繰り返していくしかありません。

それは、これまで成功体験の多かった人にはつらいことです。「新規事業の任務にあたるのは、既存事業の中で高い評価を得てきた人が多い」と述べましたが、そうした人は「評価を落としたくない」という気持ちも強く働きがちなので、この状況にストレスを溜めてしまうこともしばしばあります。

ここで大切なのは、「失敗を怖がらないこと」です。

そして、社内からの評価に対してではなく、お客様に真正面から向き合うこと。答えはそこにしかありません。

新規事業は基本的に失敗の繰り返しです。苦もなくストレートにうまくいくことはまずありません。もし簡単にうまくいきそうなら、「事業内容が『薄っぺら』なのでは」「本質的な課題を直視していないのでは」と疑ってみるくらいの気持ちを持ちましょう。

お客様のほうを向き、失敗覚悟で前に進み、失敗を糧として次に活かしていくサイクルを早める。これが唯一の成功への近道です。率先して失敗する覚悟を持ってください。

②自分が主体者として「先頭に立つ」覚悟

「長」のつく役職についていたとしても、本当に先頭に立って仕事をした経験を持つ企業人は、案外少ないものです。課長の上には部長、部長の上には役員、役員の上には社長がいます。組織の中ではもちろん上下関係があり、上の意見には従うのが定石です。

しかし新規事業では、担当者がイニシアチブを取らなくてはなりません。この領域のことについては自分が一番よく知っている、事業の方向性について一番よく考えている、成功に向けて一番強い意志を持っている、という自負心が必要です。

社内で反対意見が出ても、自信を持って対応しなければいけません。もちろん周囲からのアドバイスは柔軟に取り入れていくべきですが、ぶれずに前に進む強い意志も必要です。

実は担当者自身も、どれだけ検討を深めても確信を持つことはなかなか難しいのですが、たとえ虚勢であっても「絶対にいける！」と言い切る覚悟を持ちましょう。強気で先頭に立ち、**不退転の決意で引っ張っていく人がいなければ、事業は成功しない**のです。

③起業家としてなんとしても「カタチにする」覚悟

情報収集をもとに、分析・整理し、戦略を組み立てることは新規事業担当者として大切なスキルです。しかし、それだけでは事業は立ち上がっていきません。

多くの場合、事業がこれまで世に出なかったことにはなんらかの合理的な理由がありま す。「誰もビジネスチャンスに気づかなかったから」というケースは、実は稀なのです。

では、その理由にはどのようなものがあるでしょうか。技術的に困難、コストが見合わないといったことなら、その点を改良するか、あきらめるか、いずれにせよ答えは明確です。

一方で、「業務のオペレーションが不安定」「有効性が読み切れない」「事業環境の先行きが不透明」などといったことは、言わば「始めてみなければわからない」ことです。

そうした理由で大きな可能性を秘めた事業を「やるべきではない」と判断されても、簡単に退いてはいけません。

なぜなら、ある程度「非合理を承知」でいなければ、新規事業は始まらないからです。

少々理にかなわない部分があっても、「まずはやってみよう！」「なんとかカタチにしてみせる」という勢いで前に進む。そんな覚悟が新規事業開発マンには不可欠です。

④社内資源を「自ら確保する」覚悟

事業を生み出すためには「ヒト・モノ・カネ」の資源が必要です。経営者にその必要性を説き、社内資源を投入することの承認を得る努力を怠ってはいけません。

経営者の指示で始まった新規事業であるにもかかわらず、資源がスムーズに投入されない、というケースはしばしば起こりがちです。

なぜなら、経営者は並行して既存事業も運営しているため、その双方のバランスの中で資源配分を行うことになるからです。そして社内の関連各部署にも既存事業を守るミッションがあり、そちらのほうが期待成果を読みやすいので、どうしても社内では既存事業が優先されがちなのです。

ですから、**新規事業担当者は、社内資源獲得のため「自ら動くこと」が必要**です。

時には関係部署に頭を下げ協力を要請するなど、自ら周囲への働きかけを積極的に行い、役員会で決定された資源投入が確実に実行されるように努力を重ねましょう。

決して簡単なことではありませんが、これは独立起業家ならば皆外で行っていることです。社内起業家として、覚悟を持って社内資源を取りにいきましょう。

⑤時に社内にも「敵を作る」覚悟

新規事業においては「敵は市場よりも前に、社内にいる」と揶揄《やゆ》されることがあります。十分な協力を得られないどころか、新規事業を明らかに邪魔するような動きも社内から起こってきます。こうしたことが重なると、担当者はつい自信喪失してしまいがちです。しかし、ここは視点を変えることが必要です。

このとき、**「敵」もまた善意で動いています**。既存事業による収益を守り、会社に貢献したいと考えているのです。妬《ねた》みやそねみといった悪意による邪魔は、稀といっていいでしょう。それを踏まえた上で、こちらは「全社的な視点」を持って対処しましょう。
社内ではなく「市場から」見た視点、短期ではなく「中長期的」な視点に立って、自社にとっての新規事業の持つ意味を真摯に考えること。そこで出た答えが自信につながります。そして、社内で粘り強く交渉を続ける勇気と、時には同僚と敵対する覚悟を持つことが必要です。

このように、新規事業担当者にはさまざまな覚悟が必要となりますが、会社がリスクを肩代わりし、身分を保証されながら起業に挑戦できるのですから、独立起業よりも大胆・強気でいられるのもたしかです。大きなチャレンジができるチャンスと捉え、ぜひ積極的に挑んでください。

2.2 新規事業へのチャレンジを通じて身につく力

新規事業開発の仕事は困難を伴いますが、やり遂げた時の見返りは大変大きなものです。私は新規事業の担当者とともに働く中で、そのわずか数か月の間に、ビジネスマンとして大きく成長された方を数多く見てきました。

営業的側面しか見ていなかった人が事業全体を見渡せるようになったり、技術や生産の側面からしか見ていなかった人がお客様の視点を持つようになったり、経営陣に決裁してもらうべく、自ら能動的に動くようになったり。

つまり**新規事業に携わることは、「自分を大きく変える」チャンス**なのです。そのポイントを４つ挙げます。

①知識・スキル

１つの事業の創出に携わると、製造・物流・営業・広告・労務・財務など、事業の構成要素をひととおり経験できます。その経験から貴重な知識を身につけられるでしょう。

事業のゴールから逆算して、自分は担当としていま何をすべきかを考える力は、大企業の分業体制では通常身につけにくいものです。

これらのスキルは、その後通常業務に戻った時にも必ず役立つでしょう。

②行動力

「誰も取り組んだことのないこと」に携わることは、「自ら考え、手足を動かし、行動する」ことをも意味します。これは既存事業では案外経験しにくいことです。現場に足を運び、市場でユーザーと想定される人に会い、事情にくわしそうな人を探す。こうした積み重ねの中で、社内外の関係者を巻き込んでいく行動力が鍛えられます。

③マインド

仕事を始めたころには「なぜ？」と思ったことが、慣れとともにどうでもよくなる、といった経験はありませんか？　新規事業に携わると、そうした「不感症」から脱却し、若いころのピュアで前向きな気持ちで仕事に取り組むことができます。

また、既成概念にしばられず、新たに自分の頭で考える習慣も身につくでしょう。

新規事業の仕事を通じて身につく力

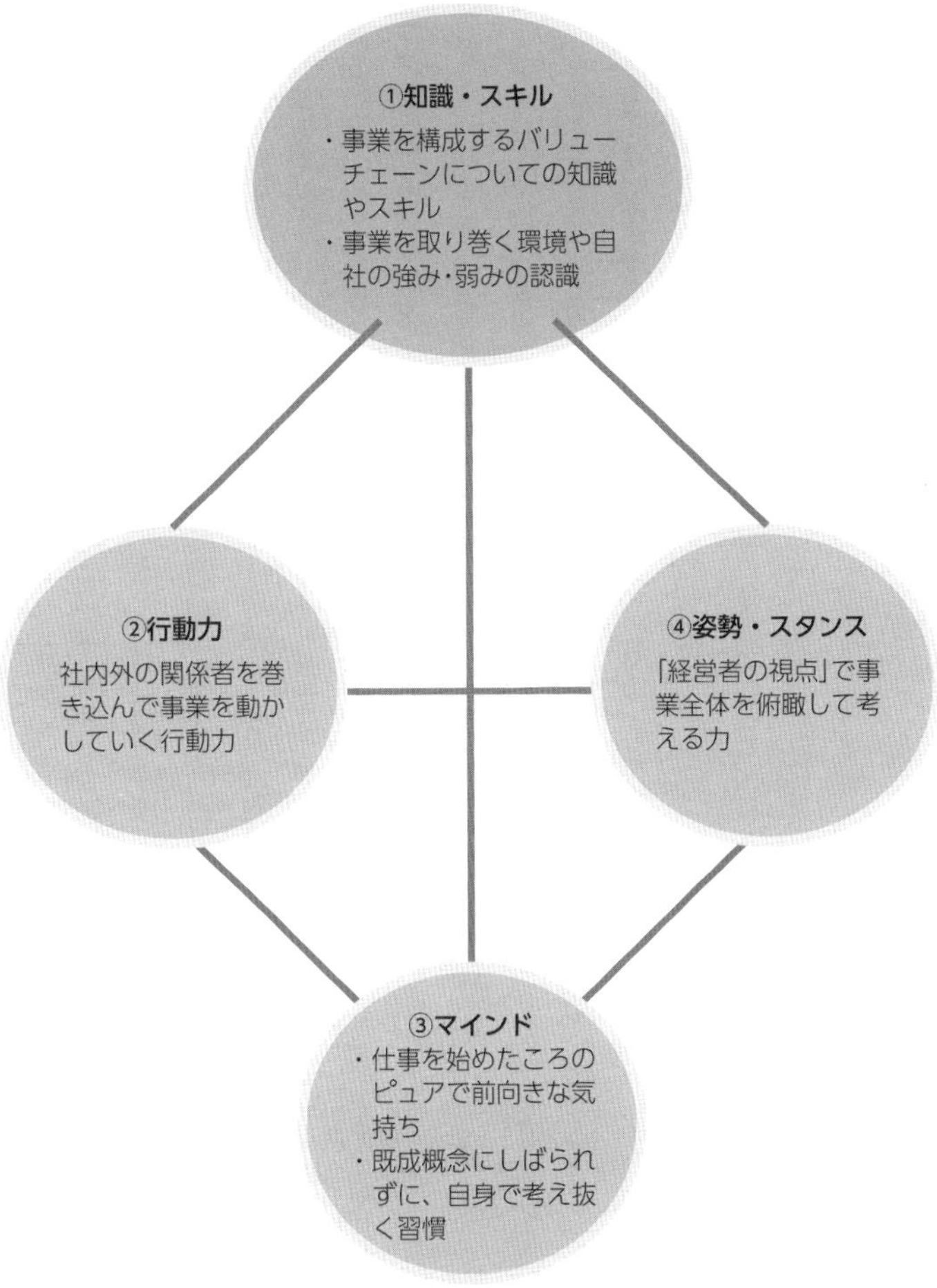
①知識・スキル
・事業を構成するバリューチェーンについての知識やスキル
・事業を取り巻く環境や自社の強み・弱みの認識
②行動力
社内外の関係者を巻き込んで事業を動かしていく行動力
④姿勢・スタンス
「経営者の視点」で事業全体を俯瞰して考える力
③マインド
・仕事を始めたころのピュアで前向きな気持ち
・既成概念にしばられずに、自身で考え抜く習慣

④姿勢・スタンス

大きな組織であればあるほど、一社員が経営者の目線を持つことは困難です。情報も入手できませんし、全体を俯瞰して考える機会もなかなかありません。

しかし新規事業を検討する場面では、あなた自身がその事業を切り盛りする経営者。事業のすべてに目を配り、必要な判断をしなければなりません。「経営者の視点」で仕事に取り組む経験は、将来どのような仕事をする場合にも役立つはずです。

管理型人材から創造・変革型人材へ

新規事業を担うことは、「次代のリーダー」としての能力を伸ばすことにつながる、とも言えます。

序章でも触れましたが、多くの業界において事業環境が大きく変化する中、企業が求めるリーダー像もまた、変化を遂げつつあります。

できるだけ多くの数量を速く、効率的に、正確に、安く提供することが求められた時代は、「管理型」のリーダーが重用されました。数値化された目標に向けて改善を重ねるプロジェクト・マネジメント、メンバー・マネジメントに優れた人材が求められたのです。

今後はその能力に加え、「創造型」「変革型」の能力が求められます。

「管理」は、その方法が正しいという前提の上に成り立ちます。その前提を疑えば、「管理」はできません。つまり、「管理」と「創造」は本質的に相反するものと言えます。効率性を重視する管理の世界では、創造的な営みは「余分なこと」と見なされがちです。

しかし、それをあえて行うことが必要です。**これまで「よし」とされてきたものを見直し、ときに疑い、変化させる。その能力を発揮できる人材が求められている**のです。

これまでの手法と逆のことを求められるのですから、企業人も大変です。しかし企業が変化を求められているように、そこで働く企業人にも変化が求められています。

新規事業に従事することは、「創造型」「変革型」の能力を身につけることができる、またとない機会です。

EPISODE

新規事業を経験して大きくキャリアチェンジした人たち

新規事業へのチャレンジは、キャリアチェンジのきっかけにもなります。

リクルートで「ゼクシィ」を起案した女性は、当時グループ企業の統括セクションで管理系の仕事をしていましたが、新規事業の立ち上げに携わって以来、社内の新規事業ばかりか、社外のベンチャー企業からも相談を受けるようになりました。そしてリクルート退職後は、ある上場企業から請われて社長を務めることに。シンボリックな成功実績により、周囲からの期待がグンと高まり、さまざまなチャンスが広がったのです。

新規事業に「失敗」したケースでも、その後のキャリアが大きく変わることがあります。とある会社で新規事業に参画したAさんは、そのプロジェクト自体は立ち上げにいたらなかったものの、その時の経験を見込まれ、いまは海外法人の社長を務めています。そもそもトップ営業マンだったAさんでしたが、「売る能力」でしか社内評価されていませんでした。しかしこのプロジェクトを通じて事業全体を経営者的に見渡す感覚が身につき、顧客目線だけではなく、生産や物流など自社スタッフの目線でも物事を考えるようになりました。それが大きな転機につながったようです。

はたまた、某社の研究所に勤めるエンジニアのBさんは、社内研修の一環で発案したある商品アイデアが評価され、商品開発セクションに異動。予期せぬ環境変化に最初は戸惑ったようですが、そこで新たな知見を得たそうです。

以前はひたすら、素材を研究開発するのみ。しかし現在は、顧客目線や競合感覚、コストも意識するようになりました。すると、本来の出身畑であった技術的なことに関しても、多様な着想が得られるようになった、とBさんは語ります。

また、某社の人事スタッフCさんは、新規事業の起案準備のために、社内のさまざまな部署の人、普段は直接話をする機会の少ない上の役職の方にも話を聞くようになりました。その際に、会社の現状に対する課題意識や自社の将来的な可能性について意見交換をすることで、それまでの業務を通じた関係よりも、深いところで信頼関係を築けるようになったと言います。そのおかげで、日常業務の中でも頼りにされ、さまざまな相談を受けるようになって、結果的に社内スタッフとしての仕事の幅が大きく広がったそうです。

新規事業に取り組むことは大きなキャリアチェンジにつながる可能性を秘めています。ぜひこの機会をうまく活かし、大きな飛躍のきっかけにしてください。

COLUMN

2

会社と自分の「3つの輪」を重ねてみる

個人のキャリア開発では「Can/Need/Wantの３つのバランスが大切だ」と言われます。

しかし実際には、求められること（Need）とやりたいこと（Want）が合致しなかったり、求められること（Need）に自分の実力（Can）が追いつかなかったり、ということはよくある話ですし、誰しもこういったギャップに悩むものです。

実は会社も同じように、この３つのバランスの中で戦略を立てていきます。３つがなかなか一致せず、ギャップが生まれる悩みも個人と同じです。

	個人にとって	会社にとって
Can	自分ができること	経営資源
Need	組織から求められていること	世の中から求められていること
Want	やりたいこと	経営ビジョン

右図のような会社と個人の輪を重ね合わせた６つの輪の中心（斜線部分）で仕事ができるのが新規事業担当者の理想です。企業人の究極の姿を、ぜひあきらめず追い求めてください。

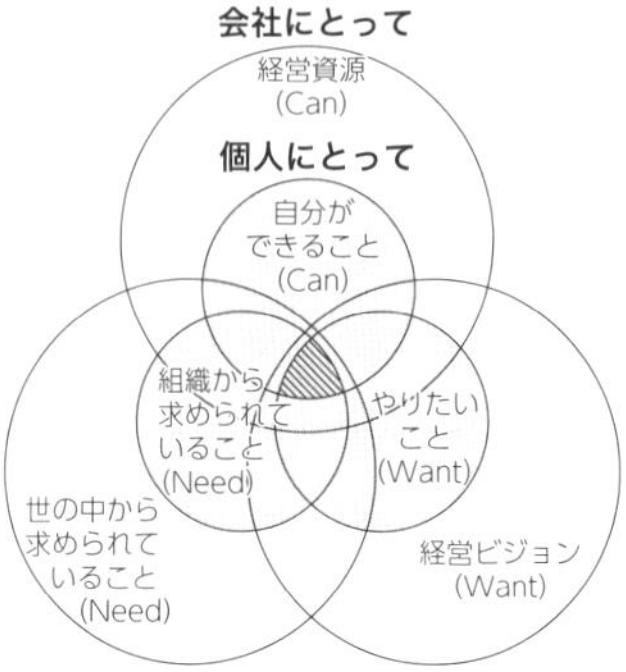

第3章

新規事業の担当になったら まずすべきこと

3.1 経営者の「頭の中」を知る

新規事業の担当になると「早く企画にまとめ提案しなければ」と考えがちなものです。しかしその前に必要なのは、新規事業を指示した経営者とのコミュニケーションです。

経営者としっかりディスカッションする

新規事業は、経営者の意思がないと始められません。担当者はまず、経営者（もしくはその取り組みのトップである部門長）の頭の中にある意図、イメージ、ガイドライン（検討指針、検討範囲、制約条件など）を理解しなければいけません。

経営者も明確な指針を持っていない場合があります。その場合はディスカッションを通じて経営者自身が意思決定しやすいように促していくことも担当者の重要な役割です。

一般に、経営者が新規事業に着手しようと考える背景には左ページに挙げたようなことがあります。

経営者が新規事業に着手しようと考える背景・意図・ねらいの例

・既存事業の成長性に限界を感じている
（市場の縮小、代替品への移行、コモディティ化など）
・既存事業の将来的な収益性の低下を予想している
（価格相場の低下、競争の激化など）
・事業環境の変化に合わせ業態を変えていく必要を感じている
・既存事業の顧客満足度が下がってきている
・既存事業の周辺に魅力的な成長市場がある
・既存事業を通じて培ってきた技術力やマーケティング力を十分に活かしきれていない
・競合に対する競争力を高めないと負けてしまう

経営者が既存事業の現状についてどう認識し、どんな課題を感じているのか、将来に対してどのような見通しを立てているのかを掘り下げましょう。

経営者の頭の中にあるイメージを探る

「白紙の状態から自由に検討せよ」と言いつつ、実は経営者の頭の中にすでに新規事業のイメージが描かれていることもあります。製品カテゴリー、ユーザー属性、価格帯などにおおまかな当たりをつけていたり、「以前から○○をしたかった」と考えていたりするものです。

経営者は現場からは見えない視点を持っているので、その着眼は尊重する価値があります。とは言え、単なる思いつきにすぎない場合もあるので、検証が必要です。

そのためには、経営者がそう考える「理由」や「背景」を理解することです。それが、ビジネスチャンスの有無をあらためて検討することにつながります。

また、こちらが最終的に経営者のイメージと異なる事業企画を起案することになった場合は、さらに十分な理由の説明が必要になる、と心得ておきましょう。

検討にあたってのガイドライン

どのような枠組みの中で検討するか、というガイドライン（左ページ参照）が決まっているケースは実は稀です。経営者にとっても、事業環境の変化を予測し、会社の方向性を定め、それに沿って新規事業を展開していくためのガイドラインを決めることは至難の技ですから、担当者には「自由に発想してくれ」と指示するでしょう。
しかし一方で、経営者の頭の中だけでガイドラインが描かれていることもあります。それを把握するためには、こちらから例を提示しながら、確認するのがよい方法です。（くわしくは76ページ参照）
確認したガイドラインを絶対的なものだと考える必要は必ずしもありませんが、あらかじめ頭に入れておけば、検討の効率性をぐっと上げることができます。

新規事業を検討する際のガイドライン例

・ドメイン（どこで事業を行うか。○○市場など）
・エリア（国内、海外など）
・業態（製造、小売り、サービスなど）
・既存技術やブランドの活用の是非
・投資規模（取りうる最大リスク）　・事業規模（売上、人員など）
・時間軸（いつまでに起業したいか、いつまでに黒字化したいかなど）

経営者は必ずしも絶対ではない

繰り返しになりますが、経営者の仮説は「絶対」ではありません。

中には「私の言うとおりにせよ」と指示するワンマンな経営者もいるでしょう。しかし本当に優秀な経営者なら、新規事業は自分にとっても未知の世界であり、自分の仮説が絶対ではないこと、最終的な評価は市場がするものであることを認識しているはずです。

担当者は、経営者に盲目的に従うのではなく、言わば「壁打ち」の相手となって言葉を投げかけ、言葉を引き出し、経営者の頭の中を整理するサポート役となりましょう。

3.2 会社の状況を知る

自分の会社の財務諸表を見たことはありますか？

新規事業を成功に導くには、現在の会社の状況と取り巻く環境をよく知り、自社の「強み」と「弱み」を十分に理解していないといけません。

自社の状況を知るには、まず財務諸表（損益計算書（P／L）、貸借対照表（B／S）、キャッシュフロー表（C／F））を確認しましょう。できれば3年前・5年前・10年前のものなど、経年変化を確認するのがおすすめです。

財務諸表は会社の成績表です。もしあなたが受験生の家庭教師として新たに学生を教えることになったとしたら、最初に成績表を見せてもらい、教科別の得意・不得意、課題や強化ポイントを探そうとするでしょう。会社においても同じことです。

財務諸表からはさまざまなことが読み取れます。何がどういうルートでどれだけ売れていて、それを作ることと売ることにどれだけのコストを要しているのか。経年での変化はどうなのか。どの程度の事業規模なのか。投資余力はどれくらいあるのか。

一般に開示されているデータ以外に、全社の財務担当者や各事業の担当者からできるだけ詳細な情報を入手しましょう。それまでなんとなく感じていた課題や可能性が、数字としてリアルに理解できるようになるはずです。

社内へのヒアリングで「事実」を把握する

さらに、新規事業で関連しそうな部署まで足を運び、ヒアリングを行いましょう。ここではさまざまな役職や職務の相手に幅広く接することが大切です。それぞれの立場によって把握している「事実」も微妙に異なるからです。

ヒアリングは、相手にとって必ずしも「迷惑」なことではありません。

私もリクルートで新規事業開発室に着任した際、各事業の現場責任者に「ヒアリング行《あん》脚《ぎゃ》」を行いました。当初は「自分のような下っ端に時間を取ってもらって申し訳ない」と不安に思ったものです。ところが、最初は面倒そうにしていた相手も、「頭が整理できた」「新しい視点を見つけられた」とよろこんでくれる方のほうが多かったように思います。

これは逆に言えば、ヒアリング相手にとっても新たな発見ができる対話をしよう、ということでもあります。

現場からヒアリングできる内容は、次の３つに分類できます。

「事実」（例：売れている量、単価、製造コスト）

「仮説」（例：競争力が落ちているのでは？　価格交渉力が落ちているのでは？）

「意見」（例：高機能化すべきだ、流通チャネルを変えるべきだ）

これは私がリクルートでマーケティング調査の仕事をしていたころ、定性情報の分析・活用で著名な株式会社ドゥ・ハウスの稲垣佳伸社長から教えていただいたことですが、多くの場合、事実情報には個々人の仮説がくっついて、意見となります。これらをしっかり区別しておかないと、問題の本質を見失いがちです。

①事実　＋　②仮説　＝　③意見

まず最初の段階で集中的に収集すべき情報は「事実」です。現場の肌感覚から出る「仮説」や「意見」も貴重ですが、それらの検討はあとのフェーズに取っておきましょう。

事実を掘り下げるには、「仮説」「意見」の情報を取り除き、１つの項目についてさまざまな角度から情報を集めることが大切です。

売上の状況なら、製品別、流通チャネル別、顧客の属性別、契約形態別など、単価について聞くなら、製品個別の単価、顧客別の単価、一回ごとの購入単価など。

ここで拾った事実情報の幅と広さは、後々の事業企画の幅と広さに直結します。できるかぎり労を惜しまず「事実」の情報をかき集めてください。

なお、「仮説」や「意見」の話もていねいに聞く態度は必須です。真摯に耳を傾ける姿勢は、今後の現場との関係作りの基盤となります。

自分なりの「仮説」を持つ

「事実」の情報を集めたら、次はそれらの情報を整理し、自分なりの「仮説」を考えます。

この段階で立てる仮説は、あくまでおおまかな仮説です。過度に執着せず、柔軟に変更を加えながら進めていきましょう。

仮説を立てるためのアプローチは、次ページに例を挙げたように、切り口は数多くあります。

もちろん現場の人の持つ「仮説」や「意見」も大切ですし尊重すべきですが、「事実」を正確に捉える前にこれらの情報を取り込んでしまうと、さまざまな情報が錯走し混乱し

「仮説」を立てるためのアプローチ

1.「自社の課題についての仮説」を考えるためのアプローチ
例）収益を落としている市場・製品・チャネルは何か
例）競争力を落としている市場・製品・チャネルは何か
例）顧客や取引先から評価が低いことは何か
例）顧客や取引先からいただいている要望で対応できていないことは何か

2.「自社の強みについての仮説」を考えるためのアプローチ
例）特定の市場・製品・チャネルでなぜ収益性が高いのか
例）顧客や取引先から自社が選ばれているのはなぜか
例）競合に比べて自社の特長は何か

3.「自社の周辺にあるビジネスチャンスの仮説」を考えるためのアプローチ
例）顧客や取引先が困っていることは何か
例）最近数字が変化しているものは何か。その理由は何か
例）以前に比べて変化していることは何か

てしまいがちです。

まずは「事実」を押さえてから自分で「仮説」を考え、そのあとに他の人からヒアリングした内容を参照するように心がけましょう。

EPISODE

現場の声を「そのまま」聞いてはいけない？

私がAll About社の創業に関わった2000年代前半は、いわゆるインターネット黎明期。われわれメディアだけでなく、広告主も広告代理店も、ネットをどうマーケティングに活用しようかと試行錯誤をしていた時代でした。

とくにサイトを開設した2001年から上場した2005年まで広告売上はかなり苦戦したこともあり、さまざまな広告形態を試しました。

そのときに、メディア事業の商品開発責任者として気をつけていたことがあります。自分のもとには、日々営業マンから広告商品に対する改善や改良を要望する声が届いていましたが、私はそれへの対応を「早急にはしない」ようにしていたのです。

普通に考えれば、改善要望にはすぐ対応するのが最善の方法ですね。しかし私は、いまの状況ではそれは当てはまらない、と考えていました。

市場の黎明期は、お客様もさまざま、集まる声もバラバラ。みんなが試行錯誤をしている最中は、「普遍的な解決策」をその中からていねいに選び出す必要がありました。

加えて、お客さまと自分との間に入る「フィルター」も意識していました。

お客様の声を伝える営業マンの言葉には、営業マン自身のフィルターが入ります。解釈によっても違いが出ますし、「売りやすいかどうか」という営業マン自身の都合も加わります。

同じく、広告主とメディアの間にいる「広告代理店」のフィルターも意識しなくてはなりません。

商品開発者である私の耳に届くのは、お客様の「生の声」ではなく、営業マンや広告代理店の「仮説」や「意向（意見）」も加味された声なのです。

「仮説や意見の前に、事実を重視しよう」と68ページで述べたのはそのためです。

「伝言ゲーム」と同じで、間に人が入れば入るほど「仮説」や「意見」という尾ひれが多くついてきます。その中にはもちろん、有益なものもあるでしょう。しかしあふれんばかりの情報から、それらを見つけ出すのは非常に困難です。

その中で、頼りになるのはやはり「事実」の情報。

数字、お客様の行動、具体的な発言、広告代理店や営業マンが業務上で行ったこと。これらの事実をひとつひとつ取り出して、拾い上げることが大事なのです。

3.3 過去の新規事業案件を知る

自社の過去にあった新規事業の起案についても把握しておきましょう。

新しい起案をした時、しばしば「それはすでに過去に検討した」と指摘されることがあります。そう言われると思考停止してしまい、無条件降伏の体になる人が多いのですが、そこであきらめる必要はありません。当時は実現不可能だったことも、技術の進歩や市場の状況変化により、現在なら可能になっているかもしれません。過去の起案がなぜ実現できなかったのかを調べることで、そうした可能性を発見できます。

組織の中では「失敗」や「検討断念」は評価されず、何もなかったかのように隠蔽されてしまうことがよく起きますが、これは非常にもったいないことです。過去の失敗から学び、今後に活かす姿勢を持ちましょう。当時の当事者が検討のプロセスの中で何に苦労したかを聞くことも有効です。そこから得られる知見はきっと多いはずです。

会社の「癖」を把握する

過去の起案のそれぞれに、どんな評価や経営判断がなされたのかも把握しましょう。起案は、オーディションのようなものです。合格するためには、過去のエントリー経験者や審査経験者に話を聞き、どんな基準で審査されたのかを聞くのは有効です。

会社によって、どの階層（社長・役員・事業部長・現場管理職など）が、どんな場（取締役会・経営会議・個別面談など）で、どんな基準で判断をするかは異なります。

また、何を大事に判断するかも会社によって「癖」があります（左ページ参照）。

会社の「癖」は簡単に変えられるものではありません。その善し悪しを論ずるよりもまず、「癖」があることを前提に、今後の自分の起案にどう反映させるかを考えましょう。

「どうすれば通りやすいのか」を知る

過去の振り返りは、判断の善し悪しを評価するために行うわけではありません。これから起案を通すために、自分がどう振る舞うかを考えるために行うのです。

起案を通す決め手は、専門的知見や営業実績などよりもまず、会社の状況や過去の経緯、会社の「癖」を把握し、「どうすれば通りやすいのか」を熟知することです。「世渡り」や

何を大事に判断するかの違いの例

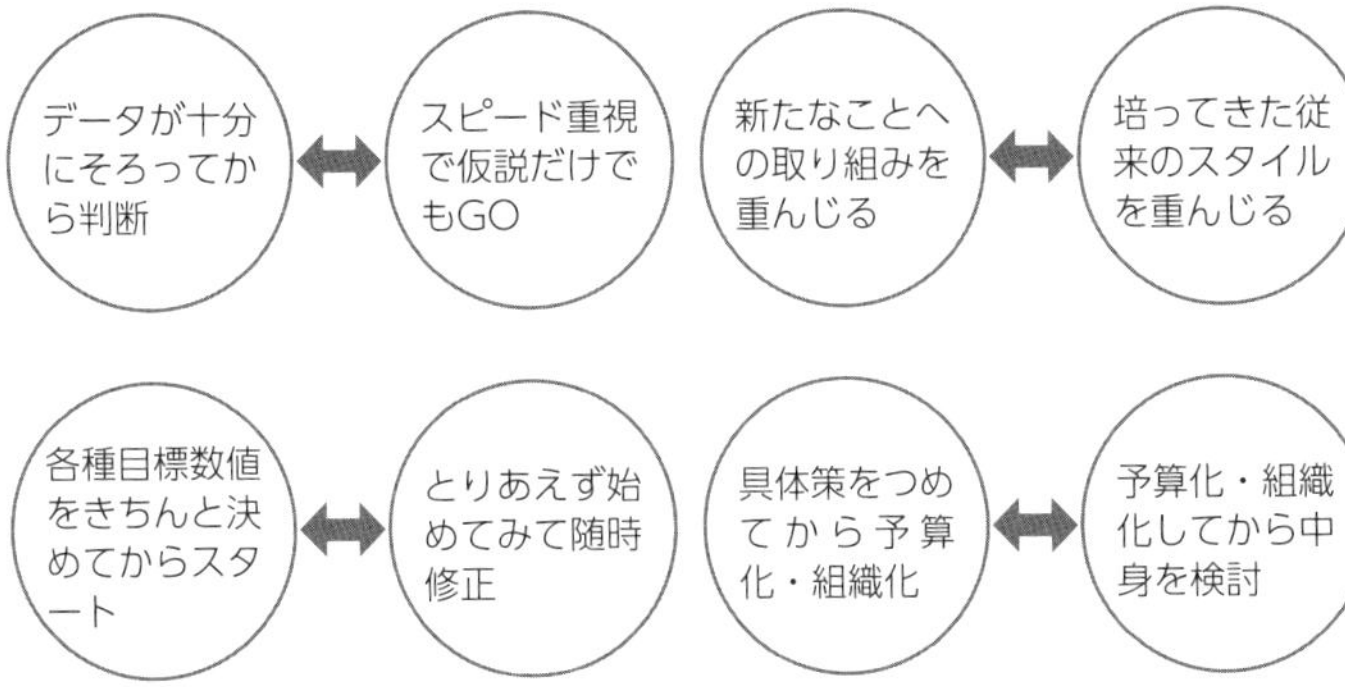
データが十分にそろってから判断
スピード重視で仮説だけでもGO
新たなことへの取り組みを重んじる
培ってきた従来のスタイルを重んじる
各種目標数値をきちんと決めてからスタート
とりあえず始めてみて随時修正
具体策をつめてから予算化・組織化
予算化・組織化してから中身を検討

「社内政治」の一種とも言えますが、それもまた組織を動かすために重要なことです。

新規事業の起案はなかなか通りにくいものです。そのため、状況を憂いて愚痴が増える担当者もしばしばいます。しかし、売れない営業マンが顧客のせいにしてはいけないのと同じく、担当者もまた、会社を悪く言う前に事実を素直に受け止めなくてはなりません。会社の現状や「癖」も「大前提」として受け止め、その環境の中で最善を尽くしましょう。

3.4 検討のガイドラインを頭に入れる

経営者はしばしば「既成概念にとらわれず自由な発想を」と言うものの、実は頭の中でなんらかの方向性や枠組みを持っているものです。担当者はそれを確認しながら検討を進める必要があります。

ここではその「検討のガイドライン（検討指針、検討範囲、制約条件など）」について、くわしくお話しします。

まず「ドメイン」を探る

ガイドラインのうち、検討の方向性を決める最も大きいものは「ドメイン」です。ここでいうドメインとは、広義には「どこで事業を行うか」くらいのものと捉えてください。

ドメインの設定例

よく自社を称して「○○屋」という言い方をすることがありますが、それも1つのドメインの切り方と言えます。

もしあらかじめ、ガイドラインとしてドメインが設定されていれば、そのドメインの中で検討を始めるべきですが、設定されていない場合は、上に挙げたようなドメインを仮に提示してみましょう。経営陣の反応を見て、検討のフォーカスをしぼることができます。

その一方で、しぼりすぎないことも大切です。意識的に領域を広めに残し、先々の検討の幅も担保しておくとよいでしょう。

フェアウェイとOBゾーン

ゴルフのティーグラウンドに立ったとき、どこがフェアウェイで、どこからがOBゾーンなのかがわからないと、どこをねらえばよいかわからず困るでしょう。

新規事業担当者も、同じ困惑を覚えることが多々あります。社内でどこまでがＯＫでどこからがＮＧかが明確に示されていなくても、実際にはその境目は存在するからです。

その境目を把握しないまま案を作り、もしそれがＯＢゾーンに入ってしまっていたら、「ウチにとってそんな案件は論外」と一蹴されることにもなりかねません。

「暗黙のフェアウェイとＯＢゾーン」はあいまいで言葉になっていないことが多いです。そのような場合は、社内のキーマンと話す時など「例えば○○な事業はどうか？」というように、具体例を出しながら確認していくとよいでしょう。少しずつ言葉にしていくことでガイドラインが明確になっていきます。これらのガイドラインは会社の状況や方針によって決まっているものもあれば、創業からの信条、というようなケースもあります。

会社によって、例えば左ページのようなフェアウェイやＯＢゾーンがあります。

ちなみに、リクルートには「幅広い市場に、自由に乗り出している」という印象があると思います。しかし私が勤めていた当時は、「人の生死を左右するようなビジネスはやらない」というＯＢゾーンがありました。就職・住宅・旅行などさまざまな分野で情報提供する一方、病院や薬品の情報サービスを手がけてこなかったのは、その1つの現れです。

このＯＢゾーンの設定理由は、「情報業だとしても、人の生死を分かつような責任を負

新規事業に対する会社のフェアウェイ・OBゾーンの例

フェアウェイの例

・５年後に○億円規模の売上が見込めること（売上規模）
・○年以内に黒字化が見込めること（黒字化までの時間）
・少人数でも回せる事業であること（業態の特徴）
・在庫を持たないこと（業態の特徴）
・日銭商売（収益モデルの特徴）

OBゾーンの例

・個人相手の商売はやらない（営業対象）
・低価格帯では勝負しない（価格）
・売掛金がかさむような商売はしない（収益モデルの特徴）
・現顧客である卸売と競合することはしない（ドメイン、業態）
・最大投資額は○円を超えない（投資の制限）

うことはできない」というものでした。あなたの会社になんらかのＯＢゾーンがあるとしたら、その理由も含めて確認しておくとよいでしょう。

ガイドラインは明文化しておく

把握した情報をもとに設定したガイドラインは、次のようにできるだけ言葉にして経営陣と共有し、確認しておきましょう。

【例】高齢者マーケットで、少人数で運営できて、３年以内に黒字化を目指せる事業（フェアウェイ）。だが、食品や医薬品は扱わない（ＯＢゾーン）。

こういったガイドラインはなかなか言葉にして示されることはありません。

経営者ですら「あらためてそう問われると

……」と、答えにつまることがよくあります。

具体的なガイドラインの例を挙げて問いかけてみて、「当然だ」と言われることもあれば、「そんなことにとらわれる必要はない」と言われることもあります。

そこを明確にして**文面として残し、社内で共有しましょう。**

新規事業の検討は案件数や頻度が少ないため、検討過程の知見がなかなか蓄積されません。伝統ある大企業でも、新規事業に関しては知見が客観的な形で残されておらず、新たな案件の検討に活かされていないことがよくあります。ガイドラインの検討は、社内にそうした蓄積を行うチャンスでもあります。ガイドラインはできるだけ明文化し、その後も議論しやすい状態にしておくことが大事です。

ガイドラインは修正しながら緩やかに運用

この段階で設定するガイドラインはあくまで「仮」のものです。

検討を進める中で新たな可能性を発見できれば、立ち戻ってドメインやOBゾーンの再考をすることもあるでしょう。

ここで決めた仮のガイドラインは、検討のプロセスを経て、随時変化していくべきものです。しばられすぎてしまうと発想が広がらず、大きな価値を生むことができません。

あくまで効率的に検討を進めるための仮設定であることを忘れてはいけません。ガイドラインについては経営者と随時ディスカッションを交わし、修正していきましょう。そして修正する際には、変更の内容と理由を社内で共有しましょう。

そのように進めることで、その後の経営判断と社内での検討がスムーズになります。経営者にとっても、新規事業は新しい取り組みであり、未経験のことです。その案件を検討するためのガイドラインも明確には持ちえていません。まだ形になっていないものを少しずつ整えながら作り上げていく気持ちで進めましょう。

3.5 自分のミッションを整理する

具体的な検討に進む前に確認しておきたいこと

経営者の意思を知り、会社の現状を把握し、過去の案件を理解し、検討のガイドラインを頭に入れる。以上のプロセスを経ると、自身が置かれた立場と期待されている事柄が、かなり明確に見えてきます。

新規事業の検討はたいていの場合、長期戦になります。先が見えないまま大海に漕ぎ出していくような感覚に陥ることもしばしばです。

だからこそ、**「起点」をしっかりしておく必要があります。**

具体的な検討に入る前の準備として確認・整理しておくべきことを、ここでいくつか挙げておきましょう。

①目標と期限は明確に

一般に、新規事業の検討はプロジェクト形式で行われます。プロジェクト形式とは目標と期限を明確に定め、その範囲の中で推進していく形態です。

仮に検討の専門部署を常設したとしても、１つのテーマをダラダラと検討すべきではありません。部署内で検討するテーマはプロジェクト形式で進めたほうがよいでしょう。

新規事業は、何をもって「正解」「達成」とするかを定義しにくい分野です。従って、目標が定めづらい傾向があります。しかし、ここはあえて「何を、いつまでに目指すのか」を具体的に決めましょう。「いつまでに」「誰に」「どんなレベル（例：事業の方向性、具体的なアイデア・プラン・計画など）のものを起案」し、「どこまでの承認を得るか（例：事業の方向性確認、役員会での起案承認、予算化など）」くらいを決めておくとよいでしょう。

目標が不明瞭ではゴールが見えてきません。期限も決めておかなければあいまいな中で走り続けなければならなくなります。後々苦しくなるので、できるだけ具体的な目標と明確な期限を決めておきましょう。

②何をもって「よい事業案」とするか

売上を増やす、新規客を増やす、原価を削減する、物流を効率化するなどの日常業務であれば目標は明確で、何をもって「よい仕事をした」かもわかりやすいですが、「よい事業案」となると、その基準を決めるのは困難です。

全社的な位置づけ、目指す方向、時間軸の見方によって、「よい事業案」の内容は違ってきます。数値化や言語化がしにくい「自社らしさ」といった視点もあります。

起案者が自信を持って起案しても、思わぬ評価を受けてしまうこともあります。

そうならぬよう、例えば左ページのような具体的な評価軸を挙げ、「この要素が満たされていればよい事業案である」と言えるような基準を、経営陣や関係部署との間ですり合わせておきましょう。

③投資できる社内資源の制約

どれだけ期待度の高い新規事業だとしても、無制限に投資してもらえるわけではありません。見込みどおりに資源が投下されなければ、計画どおりには進まなくなります。資金だけでなく、営業協力や技術支援など、社内資源をどこまで活用できるかは、あらかじめ

何をもって「よい事業案」とするか―具体的な評価軸の例

①「目指す事業」の評価軸

・規模、収益性、成長性、将来性、独自性など

②「事業企画」の評価軸

・具体性、実現性、実行性、精緻さ、論拠がたしかであることなど

③「自社らしさ」の評価軸

・細かいことをコツコツと、スピーディーな対応、顧客へのホスピタリティなど

経営陣と十分に議論し、把握しておく必要があります。

ここまで述べてきたことは、言わば事業開発の準備体操です。

本番はここから始まります。事前準備や社内調整ばかりしていて具体的な検討になかなか入れないプロジェクトもよく見られます。ここまでのプロセスはできるだけ早めに済ませ、具体的な事業検討に早く入っていけるようにしましょう。

COLUMN

3

自社の経営陣を営業先だと考える

新規事業担当者は、営業マン的なマインドを持つことが大切です。

もちろん、まだ売るものはありません。ですから外に売りに行くわけではありません。

ここでいう営業マインドとは、「社内の人々をお客様に見立てて動く」ことです。

経営者をクライアントに見立て、その要望を十分にくみ取り、社内調整も請け負い、最終的に経営者の期待する事業企画案をつくるのが、担当者の仕事です。

営業マンであれば、企画を考えるにあたって徹底的に要望をヒアリングし、周辺の情報収集をするでしょう。障害になりそうなことは早めに察知し、取り除こうとするでしょう。期待値の調整も、営業マンの大切な仕事です。新規事業の担当者も同じように、「企画案を考える」以外の仕事を積極的に、精力的に行っていくべきです。

また、新規事業の担当者はともすれば「上からの指示があいまいだ」「社内の協力が得られない」といった不満を覚えがちですが、これも相手が「同僚」ではなく「クライアント」だと思えば、当然のことと受け止められるでしょう。無用なストレスを溜めないためにも、「営業」の姿勢で動けるようマインドセットすることが必要です。

第4章

新規事業をつくり出す　その❶

どこへ「最初の一歩」を踏み出すか

検討範囲に当たりをつける

4.1 メソッド① 5W2H展開法

新規事業の検討領域が指定されていない場合、どこから手をつけていけばよいのかわからない、と悩む担当者は多くいます。

新規事業の場合、ベストな方法は、**既存事業を起点にして考える**ことです。起点を置くことで、考えの筋道を明確にすることができ、適切に展開していくことができます。

「既存事業を起点にすると、従来の発想にしばられて構想が広がらないのでは？」と危惧される方もいるでしょう。しかし、「起点を決める」と「しばられる」とは別の話。既存事業から歩み出し、最終的に考えついた新規事業は遠く離れた領域だった、というケースも数多くあります。

既存事業を5W2Hで定義する

既存事業を起点とするにあたり、あらためて既存事業とはどんな事業かを定義してみましょう。それにより、新規事業と既存事業の違いも明確化できます。

定義の仕方はいろいろありますが、私は好んで「5W2H」の枠組みを使って定義します。「2H」は、「How」とビジネスにはつきものの「How Much」です。5W2Hを「軸」として取る時の例を、91ページに挙げました。

7つの軸すべてを使って定義づけする必要はありません。各軸の中身をどのようなものにするのかも、自社の事業の特性に合わせて解釈しましょう。自社の既存事業の特性（差別化ポイント、強み・弱みの源泉となっていそうなポイント）に沿って定義づけていただければよいですが、自社にとっては当然のことが、案外同業他社と比べると特徴的なこともあるので、ひとつひとつていねいに各項目を見るようにしてください。

何かを1つずらすだけで新規事業になる

既存事業の定義づけができたら、7つの軸の各項目を1つずつ見て、それらの項目を「仮に変えてみたらどうなるか？」と考えてみます。

●「Ｗｈｅｒｅ」（どこで）——現時点では国内のみの販路を「海外」に広げたら？
●「Ｗｈｏ」（誰に）——女性だけを対象にしていた店舗を「男性」向けに開発したら？

これが、新規事業のアイデアを生み出す第一歩です。

リクルートの例で言うと、情報誌というビジネスモデルを、従来の「求人」分野から「住宅」、「旅行」、「結婚式場」の分野へと、「Ｗｈａｔ」（情報内容）あるいは「Ｗｈｅｒｅ」（業界）を変えて事業拡大してきました。さらに、「Ｈｏｗ」（紙媒体からネット媒体へ）の展開に成功したことで、ネット時代の到来による市場環境の変化にも対応してきました（93ページ参照）。

ちなみに、**軸を1つ変えると、必然的に他の軸も変えざるをえなくなります**。

飲食店や美容室の情報を扱う「ホットペッパー」のビジネスモデルは従来の他の情報誌事業と基本的に同じで、扱う情報内容（Ｗｈａｔ）と配布方法（Ｈｏｗ）が違うだけに見えますが、実は広告の営業対象（Ｗｈｏ）が大きく違いました。

「ホットペッパー」の広告の営業対象は街の飲食店や美容室なので、「営業組織体制」（Ｈｏｗ）もこれまでの大手・中堅企業向けの組織とは異なる営業のしくみをつくりました。

既存事業を５Ｗ２Ｈで定義するー「軸」の取り方の例

①Who（誰に・誰が・誰と）

・（誰に）購買者
・（誰が）利用者
・（誰と）取引先、協業先

②What（何を・何で）

・（何を）売る製品・サービス、販売名目、製品属性
・（何で）材料

③Where（どこで）

・エリア、販路、売り場、業界、領域、〇〇市場

④When（いつ・どの段階）

・（いつ）需要期、売れる時間、使う時間
・（どの段階）バリューチェーン

⑤How（どうやって・どんな）

・（どうやって）販売方法、製造方法、仕入れ方法、デリバリー方法
・（どんな）業態、ビジネスモデル、協業方法

⑥How Much（いくらで・どうやって）

・（いくらで）価格
・（どうやって）課金方法、料金体系、費用名目

⑦Why（なぜ）

・顧客が買う理由、顧客に提供する価値、競争優位の武器

このように、何か軸を1つ変えることで新たな事業化の可能性を感じたら、その変えた軸を起点にして他の6つの軸も考えていきます。この作業を繰り返すことで、さまざまなビジネスアイデアを出すことができます。

私はこの手法を、**5W2H展開法**と呼んでいます。

既存事業の定義の抽象度を上げて深みを持たせる

5W2Hの各軸は、具体的・定量的な言葉から抽象的・定性的な言葉へと言い換えることで、さらに深みを持たせ、発想を広げることができます。

たとえば「Who」は、年齢や性別など、誰の目にも明らかなデモグラフィック特性で具体的・限定的に定義することができる一方で、「○○志向の人」「××なライフスタイルの人」といったサイコグラフィック特性で抽象度を上げて定義することも可能です。「既存商品○○に対し××な人」など、個別商品との関わり方で捉える方法もあるでしょう。

「When」や「Where」も、「○○な気分の時」とか「くつろげる場所で」といった定義の仕方をすれば、その後の発想がより広がりそうです。

スターバックスコーヒーは、自社のサービスを称して「コーヒーを売っているのではなく、『サードプレイス』（第3の場所）を提供しているのだ」と言っています。これは「W

検討範囲に当たりをつける メソッド①5W2H展開法

（例）リクルートは情報誌事業を5W2H展開で広げてきた

1．既存事業（情報誌事業）を5W2Hで再定義する

5W2H（軸）	軸の内容
①「Who」（誰に）	読者ターゲット、広告主ターゲット
②「What」（何を）	取り扱う情報の内容
③「Where」（どこで）	対象地域、対象商圏
④「When」（いつ）	発行頻度、情報更新頻度
⑤「Why」（なぜ）	読者への提供価値、広告主への提供価値
⑥「How」（どうやって）	利用メディア、編集方法、営業方法
⑦「How Much」（いくらで）	価格帯、課金方法

2．どの軸の内容を変えたら新たな事業化の可能性がありそうかを考える

5W2H	従来事業	新事業
①「Who」を軸にした展開	ゼクシィ （結婚式場情報）	ゼクシィPremier （33歳からの大人向け結婚式場情報）
②「What」を軸にした展開	求人、住宅、旅行など	飲食店、美容室など
③「Where」を軸にした展開	首都圏・関西圏など中規模商圏 （市販誌）	渋谷、新宿など狭商圏 （タウンワーク、スーモなどの無料配布誌）
④「When」を軸にした展開	毎月発行、毎週発行	毎日情報更新
⑤「Why」を軸にした展開	情報提供だけ	資料請求、予約、決済、配送まで
⑥「How」を軸にした展開	紙媒体を市販	インターネット配信
⑦「How Much」を軸にした展開	広告掲載に対して課金	紙媒体を無料配布 予約申し込みの従量課金

3．変えた軸を起点に、他の軸も変えて事業化の可能性を深めていく

「タウンワーク」では、「自宅の近隣」での仕事探しを対象に求人情報を届けることを軸にして（Whereの展開）、市販誌から無料配布誌にし（How Muchの展開）、広告の営業方法も訪問営業から電話営業主体に変更（Howの展開）し、事業化。

ｈａｔ」を抽象化することで事業の価値に幅を持たせ、可能性に広がりを持たせている好例です。

７つの軸の中でも、とくに「Ｗｈｙ」は抽象度を上げやすい軸です。

リクルートは、企業が持つ情報を「広告」の形で大量に集め、それを編集し読者に提供するというビジネスモデルを、創業当初から現在まで変わらず続けてきました。

しかし、実は「Ｗｈｙ」（読者が買う「理由」）、つまり読者に提供する「中心的な価値」は、時代の変化に応じて変遷しています。

情報誌のなかった時代には、求人情報や住宅情報を知る手段は「チラシ」くらいしかありませんでした。ですからリクルートは「多くの情報を簡単に集められる」価値を提供する、「情報収集代行業」を目指しました。

その後、情報収集がしやすい世の中になってくると、求められる価値は「情報量」ではなく、「情報の探しやすさ」に移ります。さらに、例えば「うまい鮟鱇《あんこう》が食べられる宿」とか「外国人の友達ができるアルバイト」といった「気のきいた提案をしてくれる情報サービス」に進化していきました。

以降も、中心的な価値はさまざまに進化しました。「××マークがついた中古車は○○を保証」といった「安心して買えるサービス」になったり、その場で直接購入手続きができる「購買サービス」になったり。このように、時代によって提供する価値はさまざまに変わります。

どの企業にもそうした変遷があることでしょう。それを確かめるためにも、既存事業がどんな事業で、これまでどんな変遷をしてきたか、抽象度の高い言葉でさまざまに表現してみることをおすすめします。

これはとてもクリエイティブな作業です。定義の仕方によって、自社のありように新しい光が当たり、新鮮な見え方ができます。それにより、新しい事業アイデアも大きく広がっていくでしょう。

4.2 メソッド②
5W2H×4象限マトリックス

新規事業の発想法として最も多く用いられているものの1つが、「アンゾフの成長マトリックス」に代表される4象限のフレームです（97ページ図参照）。既存事業を起点に「市場」と「製品」の2軸で4象限に分け、事業を成長させていく方向性を示すものです。

「市場」も「製品」も一気に刷新しようとする、いわゆる「飛び地（右上の象限）」を目指すケースもありますが、多くの場合は「市場」と「製品」、いずれかの方向で新規性を目指す形で議論を進めていきます。

「箱」ではなく間を分かつ「線（壁）」に着目する

このフレームの使い方は、4象限のどこにどんなビジネスチャンスがありえるか、と各象限の「箱」の中を議論するのが一般的です。事業のアイデア出しには有効ですが、ここで注目してもらいたいのは、むしろ4象限を分かつ「線」です。

アンゾフの４象限マトリックス

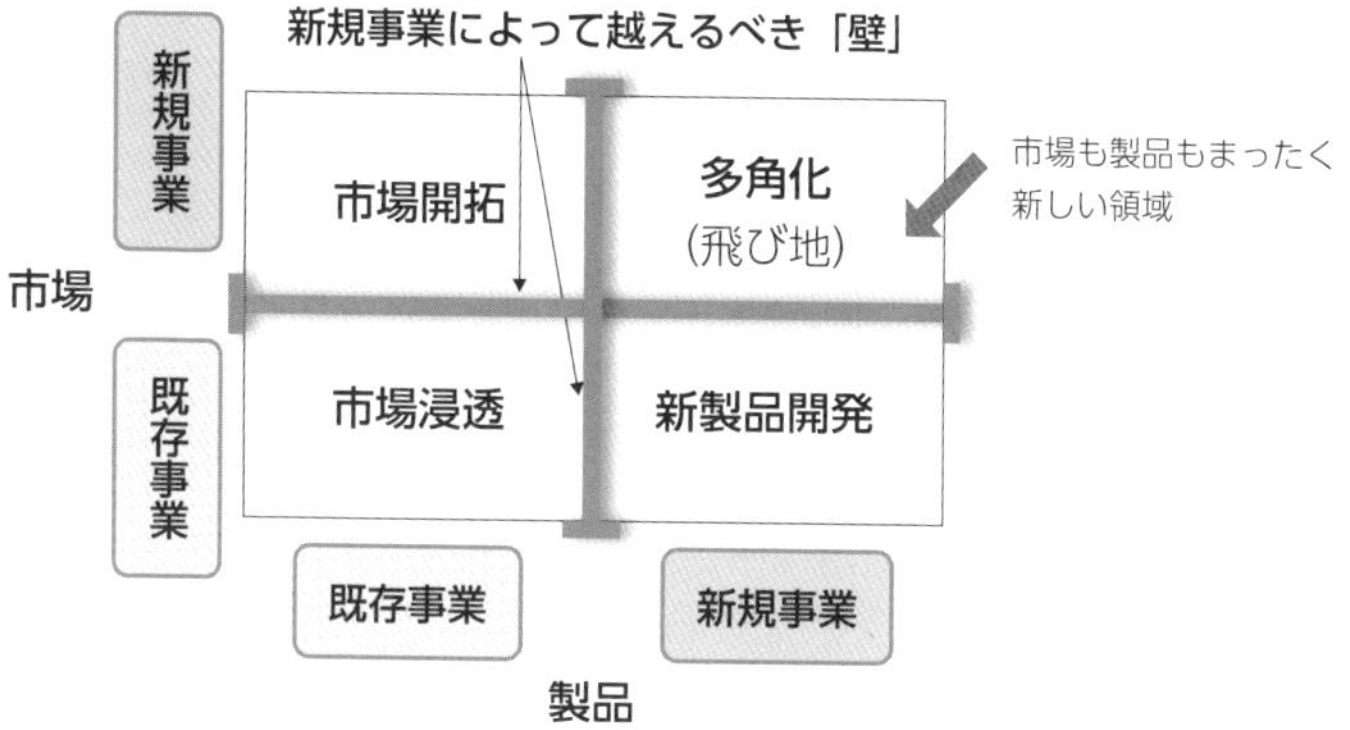

「既存」と「新規」の間の線、それは既存事業と新規事業の間を分かつもの。つまり、その会社が新たな事業によって越えるべき「壁」です。

新規事業を検討することは、この「壁」が何であり、なぜ「壁」になっているのか、「壁」を乗り越えたところに何があるか、乗り越えることに価値はあるか、どうすれば越えることができるのか、について考えることにほかなりません。

「壁」の向こうで事業を行ってこなかった理由は、必ずあるはずです。「壁」の向こうの市場に魅力がなかった、難易度が高かった、競争が激しかった、コストが見合わなかった……など、あらためてその理由を検討し、越える価値のある「壁」を探しましょう。

2軸に5W2Hを当てはめて多様な組み合わせを試してみる

アンゾフの4象限のマトリックスで取る軸は、一般的には「市場」と「製品」の2軸とされていますが、「壁」の正体をより明確にするためには、この2軸をさらに分解することが有効です。

よく見ると、この2軸には前項で紹介した「5W2H」を当てはめることができます。

「市場」……Where（どこで）、When（いつ）、Who（誰に）
「製品」……What（何を）、How（どうやって）、How Much（いくらで）

たとえば「市場」の軸を見てみましょう。

国内でのみ展開していた既存事業を海外へも展開することは、「Where」（どこで）

検討範囲に当たりをつける　メソッド②　5W2H×４象限マトリックス

（例）郊外で日中営業しているカフェの事業展開のバリエーション

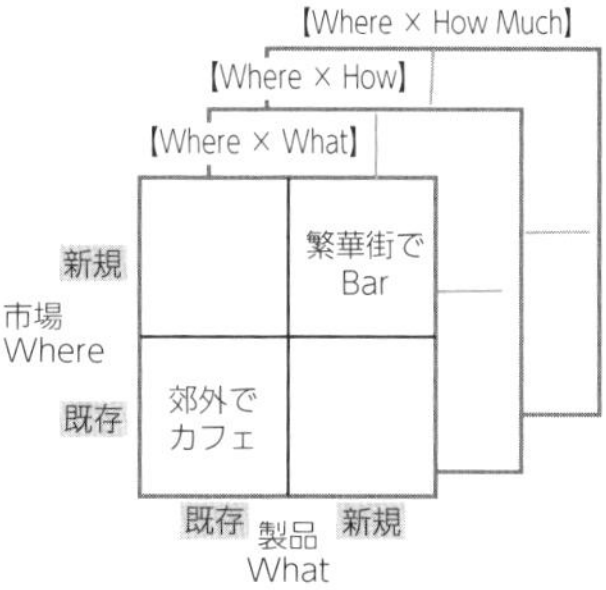

①〈市場〉「Where」×〈製品〉「What」の組み合わせ
⇒カフェ営業のノウハウを応用して、繁華街でBarを営業する新業態を検討

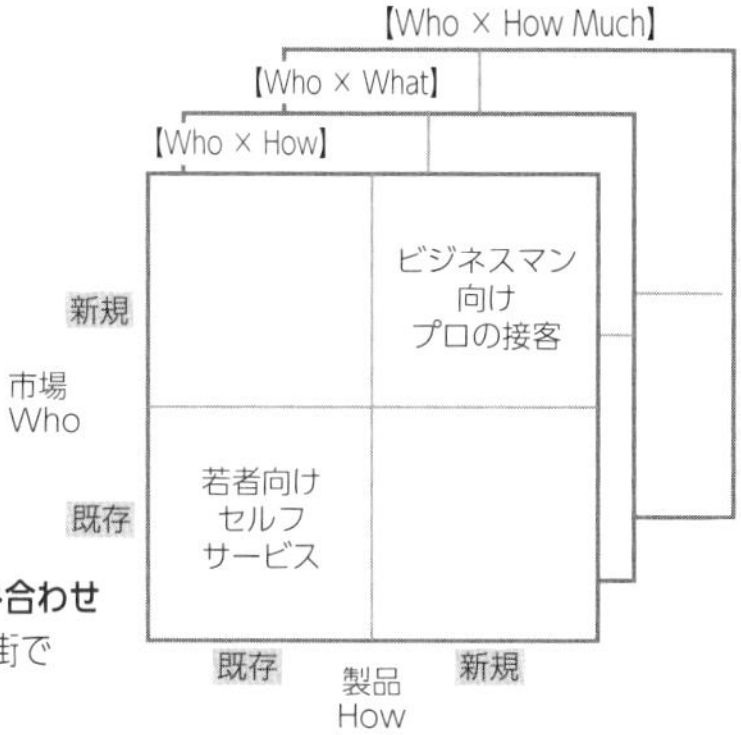

②〈市場〉「Who」×〈製品〉「How」の組み合わせ
⇒若者向けにセルフサービスで提供していたカフェを、ビジネスマン向けに、プロによる接客により提供する新業態を検討

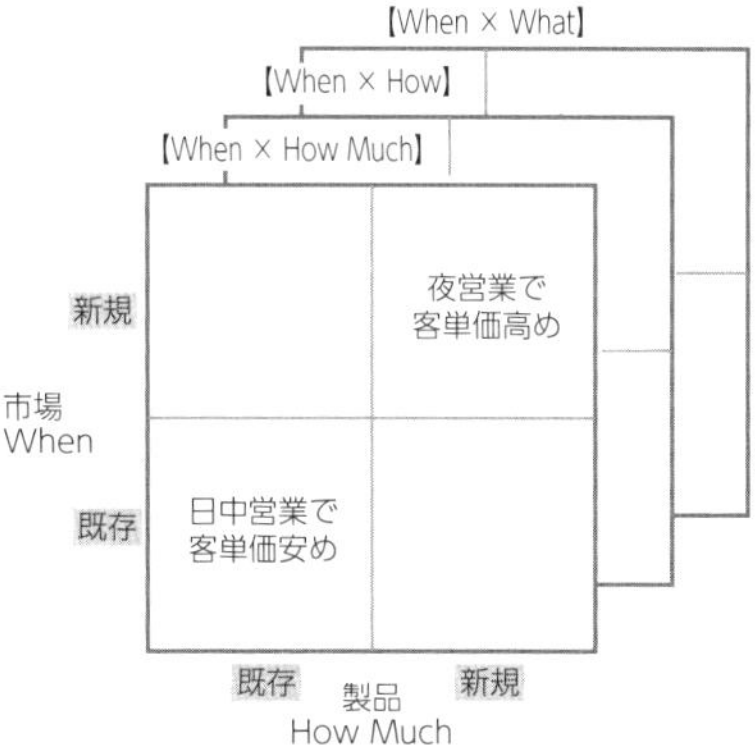

③〈市場〉「When」×〈製品〉「How Much」の組み合わせ
⇒ 客単価が安めのカフェのみの日中営業から、アルコールなどのメニューを加えた客単価が高めの夜営業への新業態を検討

を変化させることです。そのほかにも、さまざまな市場の切り拓き方があります。日中営業しているカフェを、夜にＢａｒ様式に衣替えするならば「Ｗｈｅｎ」（いつ）の展開ですし、女性向けのエステサロンを男性向けにも事業化すれば「Ｗｈｏ」（誰に）の展開です。

法人向けの事業では、ある従業員向けサービスを「福利厚生費」とするか「教育研修費」とするかなど、費用科目を変えるだけで対象とする市場が変わります。これは「どの財布から売上を取ってくるか」という考え方ですから、「Ｗｈｅｒｅ」（どこで）の発想と言えそうです。

５Ｗ２Ｈ展開法では、軸の１つを変化させると、ほかの軸も変える必要が出てくる、と先に述べました。ここでも同じく、対象とする「市場」を変えれば、おのずから「製品」（製品・サービス「Ｗｈａｔ」や営業販売方法「Ｈｏｗ」、料金体系「Ｈｏｗ Ｍｕｃｈ」など）を変えなくてはならなくなります。それらの組み合わせをいろいろ考えてみると、結果的に「飛び地（右上の象限）」のまったく新しい事業案が出てくることもあります。

このように、「市場（Ｗｈｅｒｅ／Ｗｈｅｎ／Ｗｈｏ）」×「製品（Ｗｈａｔ／Ｈｏｗ／Ｈｏｗ Ｍｕｃｈ）」の各３軸を組み合わせれば、多種多様なマトリックスをつくることができます。99ページの例のように、軸の組み合わせをいくつか試してみて、フィットする組み合わせを探してみましょう。

既存事業が越えられていない「壁」は何か

２つの軸の組み合わせを試していくと、自社の既存事業が乗り越えられていない「壁」の正体が見えてきます。

新規事業を考える際、とくにモノづくり系の会社では、「どんなものをつくるか」（Ｗｈａｔ）の視点から考え始めるのが一般的です。しかし実際は、「Ｗｈａｔ」以外の軸から考え始め、あとからそれに対応できる「Ｗｈａｔ」を考える、という順序のほうが市場とのミスマッチが少ないように思います。

例えば、進学塾向けに教材を提供していた会社が、子ども市場が縮小する中、社会人向け・高齢者向けの市場に魅力を感じたとします。この新領域に出ていくにあたっては新たな教材開発が必要ですから、「どんなものをつくるか（Ｗｈａｔ）」ばかりに目が向きがちです。しかしこのようなケースでは、従来の学校向けのルート営業から企業向けの新規開拓営業への変化（Ｈｏｗ）が「壁」になることが多いのです。

あるいは、この会社が進学塾向け教材で「自動採点サービス」を導入するとしたら、そのシステム開発や運用できる人材の確保、初期コストの調達など「Ｈｏｗ」が「壁」になるかもしれません。

1つを変えるとほかの軸にも影響が出て、その分「壁」も増えます。しかし、新たな取り組みに躊躇してはいけません。

大事なのは、**その「壁」の向こうにあるものの価値と、「壁」を乗り越えるための「難易度」とのバランス**です。壁の向こうにあるものを獲得するためにどれだけ苦労できるか、その苦労をするだけの価値があるかを考えつつ、ビジネスチャンスを探りましょう。

そのためには、マトリックスのそれぞれの象限にどんな事業が考えられるかを挙げるだけでなく、そこで何が「壁」になるかについてもセットで表記しておくとよいでしょう。

EPISODE

「遠くへ飛ぼう！」と喚起する役割

当初は新たなチャレンジに胸が高鳴っていた人も、周りから「そんなことできるの？」「あえてやる意味があるの？」「失敗したら大変だよ」などと言われると、つい不安になります。そして気がつくと、「アンゾフの４象限マトリックス」の左下、「既存市場×既存製品」の枠からさしてはみ出ないところに、話を収束させてしまうことも……。

もちろん、それがその時の事業環境や会社の状況に相応しいならそれでかまいません。しかし、もし保守的な周囲に引きずられた結果ならば要注意です。

人も組織も元来保守的なもの。新規事業を推進する人は、それに対抗できるだけの「遠くへ飛ぶ」意識を、誰よりも強く持つことが大事です。新規事業のプロジェクトチームの中では、誰か１人でもその姿勢を強く打ち出す人が必要です。

そのような人がプロジェクト内にいなければ、私は率先して「遠く飛ぼう！」と呼びかける役を演じます。

その役割を演じるために、私は「飛ぶ」ためのフレーズをたくさん用意しています。

例えば……。

「それでは現状とたいして変わらなくないですか？」

「それって、いまと何が違うんでしたっけ？」

「そもそも○○って、課題があるから始めた新規プロジェクトですよね？」

「いまの延長線上にいて、将来に向けて大丈夫ですか？」

「わが社の強みは、もっとほかでも活きるかもしれませんよ」

「一見異なる領域ですが、既存事業と似ていることも多そうです」

「この『壁』を越えられたら、大きく世界が広がりますね！」

時に煽ってみたり、けしかけてみたり、そそのかしてみたり、妄想してみたり。

こうして場をかき乱していると、時に相手を怒らせることもあります。しかし、それをおそれていては「壁」を越えられません。「紛糾しても予定調和よりはマシ」という気持ちで臨みます。

「自分には無理」と思われるでしょうか？　それなら、それをできそうな人をチームに引き入れましょう。1人で検討しているなら、そうした人を相談相手にしましょう。大変さは増しますが、きっと事業案を魅力的なものへと導いてくれるはずです。

4.3 メソッド③ 9マトリックス法

私は、新規事業開発のプロジェクトをスタートする前には、必ず「何をもって『新規事業とするか』を定義するところから話しを始めます。

「新しい取り組み」の捉え方は、実は会社や人によってさまざまです。それを確認するために、その会社で考えられるビジネスアイデアを具体的に挙げて、「これは『新規事業』と言えるかどうか」を確認しましょう。

そうすると、「この案は既存事業の延長線上にすぎず、あえて検討する意味がない」とか「これはあまりにかけ離れすぎていて、わが社が取り組む意味がない」といった意見が出てきます。

ここで大切なのは、**どこに「新規性」を見るか**、ということです。

たとえばリクルートでは、過去に新卒採用の事業を中途採用の事業へと拡大しました。これは一見すると、既存事業の延長線上の事業展開と思われるかもしれません。しかし、新卒採用の事業は学生の就職時期に合わせて「1年」周期で動く一方、中途採用は年間を通じていつでも行われるので「月単位」の周期で業務が進む、という違いがあります。時間感覚も業務フローもまったく異なるので、同じ人間が兼務するのは案外難しいのです。

また、宿・ホテル情報を扱う「じゃらん」という事業が、宿やホテルからの広告出稿による情報提供のみだったサービスから、ネット上で宿泊予約も行える成約課金にしたことも、大きなビジネスモデルの転換でした。こちらの場合、内部のオペレーションは意外にスムーズに移行することができましたが、資金投入は大がかりなものでした。

このように、新規性にはさまざまな面があります。ビジネスモデルの違いだけでなく、実際の業務上のオペレーションが大きく異なるがゆえに「新規」となることも多いのです。

これらを踏まえた上で、まずは何をもって「新規事業」とするのかを考える必要があります。

浸み出し型と跳び出し型

私は、新規事業は「2つのタイプ」に分けて捉えるべきだと思います。1つは「浸み出し型」、もう1つは「跳び出し型」です。

「浸み出し型」とは、既存事業の体制内で事業化を検討できるものです。大きな投資が必要なものも含め、**既存事業の体制のもとで人員の兼務などによって進められそうなもの**を指します。

リクルートで言えば、宿・ホテルの情報誌事業の中で「エリア別の観光案内の本を発刊する」といった新規事業は、同じ事業部の中だけで判断・実行しました。こうすると、業務もスピーディーかつ効率的に進みます。投資の大きさや開発の難易度によって別組織を設けたほうが早いケースもありますが、既存事業への影響、相乗効果やカニバリゼーションの検証なども含め、既存のラインの中で迅速に判断・推進することが望ましいです。

一方、「跳び出し型」は**既存事業の体制内では検討が難しいもの**です。既存事業とタイプの異なる技術を必要としたり、既存事業とのカニバリゼーションがあったりすると、既存の体制内では検討が困難です。この場合は、既存事業とは別体制を敷くことが必要です。

リクルートでは「カーセンサー」という中古車情報を扱う事業があったので、クルマに関連した情報サービスの新規事業案がよく検討されました。

その中で、新車情報を提供する事業案については、従来の中古車情報を扱う事業でも自動車メーカーとの関係性があったので既存事業部の中で検討ができましたが、クルマの個人間売買をサポートする事業となると、既存事業とのカニバリゼーションの問題があり、同じ事業の体制内では検討が難しく、別に場を設けました。

新規事業には２つのタイプがある

①浸み出し型

◎既存事業の体制内で事業化を検討できるもの
・既存事業へのマイナス影響：小
・リスク：小
・成功確率：高

②跳び出し型

◎既存事業の体制内では検討が難しいもの
・リスク大
・成功確率：低

ほかにも、収益化まで時間がかかる事業、ビジネスモデルだけでなくオペレーションが異なる事業も、「跳び出し型」として切り分けたほうが検討しやすく、事業化後の運用もスムーズです。

両者は、リスクに関しても対照的な特徴を持っています。「浸み出し型」は成功確率が比較的高めです。冒険性が低い分大きな見返りは期待できない場合もありますし、既存事業のしがらみがマイナスに働くケースもありますが、たいていは時間やコスト上の効率性が高く、既存事業の経営資源を活かして収益性の高い事業を生み出せる確率は大きいです。

一方、「跳び出し型」は「新規事業らしい新規事業」と言えます。魅力的な未開拓市場や新たな自社の可能性に期待感や高揚感がふくらみますが、浸み出し型に比べ成功確率は低め。既存事業の呪縛や制約条件からは解放されるものの、その分開発にも時間とコストがかかります。

こうした特徴を踏まえ、思いついた事業案をこの2つのタイプに分類しましょう。

9象限のマトリックス

新規性の定義をし、「浸み出し型」と「跳び出し型」とに分けたところで、ふたたび4象限マトリックスの登場です。

ここでは4象限を発展させ、「9象限」で「事業展開MAP」を描くことをおすすめします。

既存事業を起点とし、そこからの新規性の程度によって2つの軸をそれぞれ2段階に分けます。中間レベルのものを「浸み出し型」、より新規性が高いものを「跳び出し型」とします。

さらに、この9象限を4象限の場合と同じく「5W2H」の軸を2軸に取り、各箱の中に具体的な事業案を入れてみると、どのあたりにビジネスチャンスがありそうかが見えてきます（111ページ図参照）。

また、この場面でも各象限の境目（＝越えるべき「壁」）が何であるか、できるだけ言葉にすることが重要です。

何が「既存」と「浸み出し」と「跳び出し」を分けるポイントか、いったん言葉に落としてみましょう。それが検討初期の最大の議論ポイントになります。

検討メンバーや経営陣と議論を重ね、自分たちが何を目指すべきなのか、どこに注力して検討していくべきなのかを明確にしていきましょう。

どんな新規事業にも「壁」はつきもの。どの壁を越えていくかが社内でオーソライズできれば、投資判断も得やすくなり、新規事業のＫＰＩ（重要業績評価指標）も設定しやすくなります。

検討範囲に当たりをつける　メソッド③　９マトリックス法

（例）９マトリックス法で考えるリクルート「国内旅行領域事業」の新事業展開

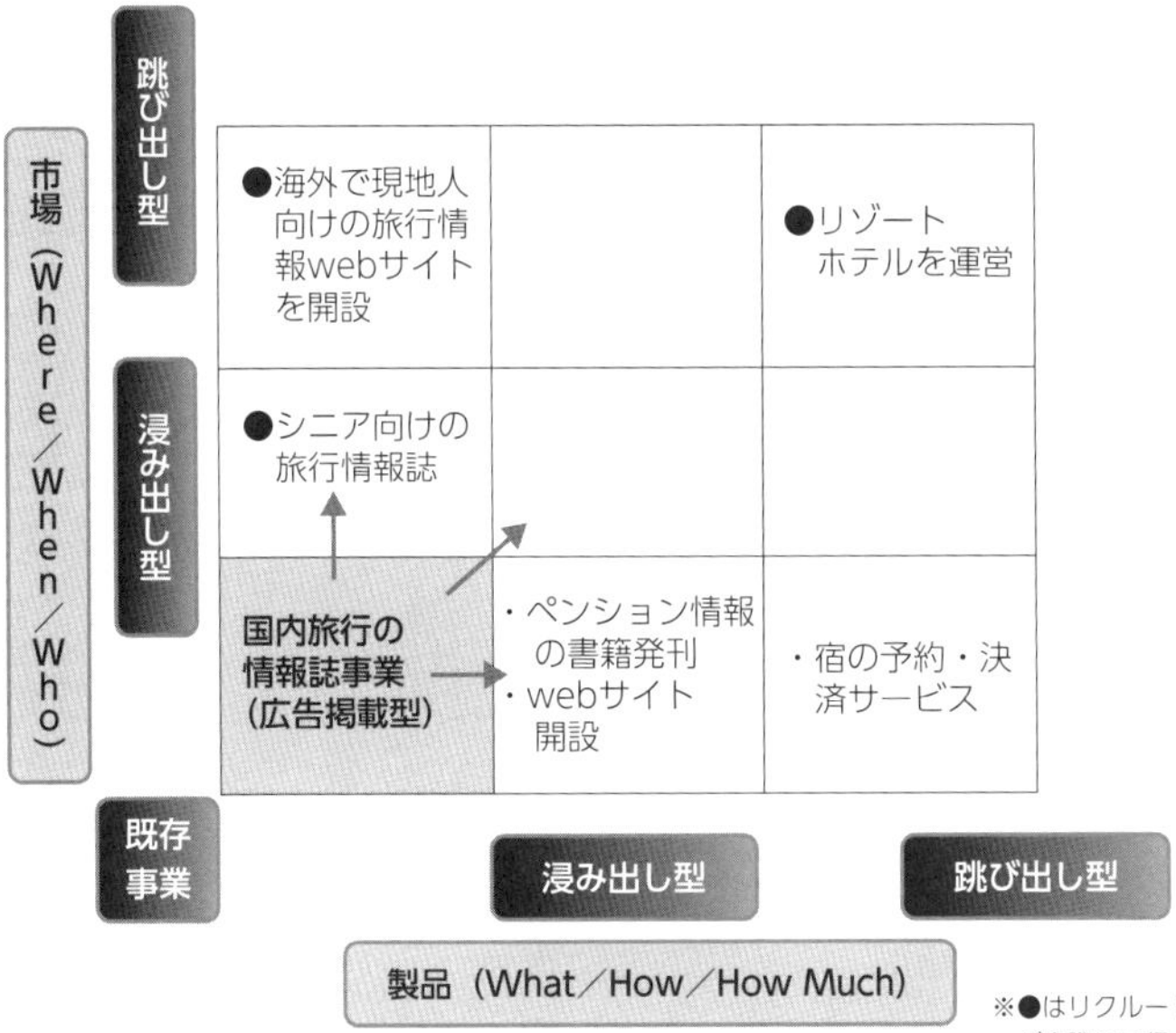

※●はリクルートが実際には行っていない事業

もともと国内旅行情報誌『じゃらん』から始まり、〈製品〉軸で旅行本の発刊やwebサイト開設など「浸み出し型」で事業を拡大。過去には〈市場〉軸での「浸み出し型」でシニア版の情報誌を発刊したことも。〈製品〉軸での「跳び出し型」事業として「予約・決済」サービスまで行うと、事業の性格は大きく変わる。

また、例えば中国で国内旅行情報事業（〈市場〉軸での「跳び出し型」）や自社でリゾートホテルを運営する事業（〈市場〉〈製品〉両軸での「跳び出し型」）も考えられないわけではない。

4.4 社外からの持ち込み案件には気をつけろ

持ち込み案件の成功率が低い理由

社外からの出資依頼、業務提携の提案といった形で、新規事業の話が持ち込まれることもあります。知名度や歴史がある企業ほど、この手の話は多いでしょう。

こうした提案はメリットが強調されているので、一見「美味しそう」な話に思えます。

しかし、外から持ち込まれる案件はなんの脈絡もなくやってくるので、過去に検討したことのない領域・テーマだと、採否の判断には相応のパワーを要します。

正直なところを言うと、残念ながら外から持ち込まれた話がうまくいく可能性は「かなり低い」と言えます。

なぜなら、**顧客視点が見落とされている事業案であることが多いから**です。

外部から持ち込まれた案件は、基本的に「持ち込んできた会社のメリット」を中心に設計されています。そして提案を受ける側も、事業案にうたわれたメリットに気をとられ、「自社にとっての美味しさ」の視点で見てしまいがちです。結果、最も大切な顧客価値が見落とされ、市場において価値ある事業につながりにくいのです。

クレームには新規事業のヒントが隠れている

本当にビジネスチャンスにつながる外からの声は、「美味しそうに見える提案」よりむしろ、お客様や取引先から寄せられる「クレーム」です。

お客様や取引先からの期待や要望に応えきれていないという現状は、裏を返せばまだビジネスチャンスが残っているということです。クレーム対応は、ともすれば「リスクマネジメント」の範疇内でのみ語られがちですが、新規事業開発という観点においても非常に大事です。迅速に対応する姿勢と、一歩引いて俯瞰し、クレームの発生要因と背景を分析して次につなげる姿勢の両方が求められます。

クレーム対応は、効率性の面から言えば、「時間を割かないほうが得」な仕事です。しかし、顧客の声＝市場から直接上がった情報は、新規事業のヒントの宝庫です。効率性との両立は簡単ではありませんが、事務的に取り扱わず、真摯に向き合うことが重要です。

4.5 検討を進める前に確認したい3つのポイント

ここまで、検討範囲に当たりをつける方法を挙げてきました。当たりがついたら、その範囲の中で具体的な事業アイデアを考えていくことになりますが、その前に、その当たりの「妥当性」を確認してから次に進みましょう。確認すべきポイントを、３つ挙げます。

① 世の中の大きな流れを踏まえているか

新規事業は、立ち上げるまでにも、立ち上げて成果を出すまでにも、時間がかかります。中長期の時間感覚で見て、世の中の大きな流れに沿ったものであるか、既存事業のあり方と比べてどうか、といったことを見極めましょう。

１つの企業、１つの事業が世の中に大きな影響を持つには、世の中の流れにうまく乗らなくてはいけません。

大事なのは、それが「大きな潮流」なのか、「短期的な流行」なのかを見極めること、そしてその潮流を「どの切り口で見るか」ということです。

例えば現在、スマートフォンやタブレットの普及拡大という流れがあることは誰もが認識しているでしょう。これをさらに掘り下げると、デバイスの「パーソナル化」「低コスト化」「小型化」といった、さまざまな潮流が読み取れます。これらをどのように捉え、どの流れに乗るかによって、新規事業の方向性も変わってきます。

こうした潮流をユニークな角度で捉えることができれば、新たな市場を創造し、大きな事業に育てていける可能性が広がります。

②市場の規模は十分か

明確なビジネスチャンスを見出せたとしても、将来的に相応の事業規模になりえる対象なのかどうかは、あらかじめ見極めておく必要があります。

ユーザーとなりそうな人・法人の数、市場で動いているお金、人が費やしている時間、人や法人が所有する土地や設備などの市場のボリュームを、おおよそでも意識しておきたいところです。

そこで「市場の1％を取れば御の字」なのか、「大きなシェア」を目指すのかも考えておきましょう。こちらもまだ細かな試算は不要です。市場全体を俯瞰して見当をつけるくらいで十分です。ニッチに攻めるのか、市場を席巻しようとするのかによって、取り組み方も違ってきます。

規模を意識すると、自分が何を対象市場として想定しているのかがより明確になります。その意味でも、市場規模の推定は大変重要です。

③ 自社の「強み」は活かせそうか

「経営資源を活かせる」ということが社内起業の利点です。それをしっかり意識して、自社の「強み」をとことん活かすことを考えましょう。この視点を欠くと、市場で厳しい戦いを強いられることは必至です。

個人による独立起業に比べ、会社として起こす事業には相応の規模が求められます。「強み」が活かせない領域へ分け入り、思いや情熱だけで事業はできません。やはり「強み」を活かせる分野や得意な領域で当たりをつけるのがよい方法と言えるでしょう。

しかし、「強み」を表層的に分析しただけで「ここは不得意」と性急に決めつけてしまうのも禁物です。

「強み」とは、技術や製造設備、販売チャネルや知名度などの、わかりやすく目に見える要素だけではありません。顧客接点の多さ、取引先との信頼関係の強さ、社員の人柄、ＰＤＣサイクルを早く回せる組織体制など、**目に見えにくいもの、数値に置き換えにくいものの中にも、実はさまざまな「強み」があるのです**。

そうした「強み」は、市場や領域を変えても、意外なところで活きるものです。金箔を薄くする技術が電子部品製造に活かされたり、別の目的で開発された素材が別の用途で活用されたりといった例があることもそれを物語っています。

「強み」が別の市場で活かされれば、大きく事業の幅を広げることができます。ぜひ自社の「強み」を細かく咀嚼し、さまざまな角度から分析してみてください。

検討範囲の当たりが的確でなければ、その中で案を練ってもよいアイデアにはなりません。起案をした時、経営者から「そもそも検討範囲がおかしい」などという評価を受けてしまっては目も当てられませんので、それを避けるには、当たりをつけた段階で一度経営者の同意を得ることをおすすめします。

COLUMN

4

検討してきた経緯に「理屈」をつけておく

実際のところ、世の起業のほとんどは「ひらめき」から始まっていると感じます。

にもかかわらず、本章で４象限や９象限のマトリックスを使用するなど、ロジカルな手法を紹介したのはなぜでしょうか。それは、企業の中から起業する新規事業においては「理屈」が不可欠だからです。

社内には、説得しなければいけない対象者が大勢います。「なぜこの案なのか」を語る際、理由が「ひらめき」だけでは説得力ゼロ。最初の時点では理屈抜きの直感だったとしても、そこに「説明可能な理屈」をつけることも重要なのです。

「ひらめき」だけで進めてはいけない理由はもう１つあります。新規事業では必ず、起案に納期があります。思いつきを頼りに進めると、検討が前に進んでいるのかどうか、皆目わかりません。

順を追って、ロジカルに検討することを通して、検討は前に進むのです。「検討の全体Map」を持つことで、迷走を防ぐことができます。

「自分の中に理屈」を携えることで、自信を持って進むことができるでしょう。

第5章

新規事業をつくり出す　その❷
見つけた領域に勝機はあるか
ビジネスチャンスを探す

5.1 事業とは「不」の解消である

前章では、どのような領域に踏み出すべきかを探る方法をお話ししました。

その方向性が見えてきたら、次はその領域において具体的にどんなビジネスチャンスがあるかを探るプロセスに入ります。

このプロセスを適切に行うために不可欠なのは、きわめて根源的な認識――「事業」とは何か、という定義づけです。

事業とは、そもそもなんでしょうか。「サービスを通じてお客様に価値を提供すること」「会社に利潤をもたらすための活動」など、さまざまな見方があるでしょう。それらの包括的な定義として、本書では、「事業とは『不』の解消である」と定義したいと思います。

これは、私がリクルートの新規事業開発室に勤務していたころ、当時の室長で、『とらばーゆ』『FromA』など数々の情報誌事業を立ち上げ、「リクルートの創刊男」の異名を持っていた、くらたまなぶさんの言葉です。現在でも、この定義はリクルート内でよく使われて

そもそも「事業」とは？

事業とは「不」の解消である

↓

まだ世の中で解消されていない「不」＝新たなビジネスチャンス

↓

「不」が解消できる＝誰かによろこんでもらえる

↓

世の中に「価値」を生んでいる＝「収益」を生むことができる

↓

「不」を探し、その解消方法を考えること＝新規事業開発

いるようです。

世の中には、さまざまな「不」が存在します。不平、不満、不幸、不便、不良、不遇、不快、不足、不自由など、「不」がつく言葉はたくさんあります。**製品やサービスを通して、これらの「不」を解消することこそが事業の本質**です。

「～したい」という気持ちの背後にも、「不」があります。現時点で「～したくてもできない」という不満があるからです。

ユニクロやスターバックスが解消した「不」

「豊かになったいまの市場に、『不』などあるのか？」という声も聞きます。

しかし、本当にそうでしょうか。

ユニクロが成熟市場と言われるアパレル業界で大きく成長できたのは、「カジュアル服は割高」とか「安売りされているものはセンスが悪い」といった、消費者の潜在的な「不満」に正面から向き合い解消したからです。

スターバックスは、コーヒーショップという昔ながらの低成長市場において、『第3の空間』を提供する」というミッションのもと、「落ち着いて時間を過ごせる場所が街中に少ない」「清潔で1人でもくつろげる場所が少ない」といった「不快」を解消しました。

ｉＰｏｄは「いちいちCDを買うのは面倒」「気に入った曲だけ手軽に持ち歩いて聞きたい」といった「不満」を、タブレットは「メールとｗｅｂが見られれば十分だけど、携帯電話では画面が小さい」といった「不便」を解消したものと言えます。

人が抱える「不」は、時代とともに絶えず変化します。企業は変化する「不」をキャッチアップし続け、それに対応していかなければなりません。

技術の進化が目覚ましいＩＴ関連ではそれがとても顕著です。私は２０００年の創業から10年間、総合情報サイト「All About」を運営しましたが、左ページの表のように、その間にユーザーの抱える「不」はとても目まぐるしく変化しました。「All About」では、それらひとつひとつの「不」に対してサイト編集に工夫を施すことで対応してきました。

All About ―「不」の解消の取り組み

時期	ネット業界の趨勢	ユーザーの抱える「不」	All Aboutの施策
2000年以前	ロボット検索	検索してもうまく情報が探せない	➡ 専門家が編集するオリジナルリンク集
2000年代前半	Googleが登場	コンテンツが充実したサイトが少ない	➡ 専門家によるオリジナル記事の拡充
2000年代後半	Blog、SNS	信頼できる情報かどうかわからない	➡ 専門家の露出拡大・ブランド力アップ
2010年以降	スマホ、タブレット	もっと手軽に	➡ 記事を短く、読みやすく編集

企業は時代の趨勢を冷静に見つめ、隠れた「不」を見極めなくてはいけません。消費者の声を聞き、行動を観察し、「不」のありかを探っていくことが必要です。

ビジネスチャンスの探し方

「不」の分析を、どのようにして新規事業のアイデアにつなげるか。

その方法を小学校の教科と同じ「国語・算数・理科・社会」になぞらえて紹介しましょう。

第1段階は、「国語の時間」。「どんな人（法人）」が「どんな気持ち」で、どんな「不」を抱えているのか。その人（法人）の姿がリアルに思い浮かぶようにします。

第2段階は、その「不」の大きさを推計す

る「算数の時間」。「不」の大きさを、「抱えている人（法人）の数」×「抱える頻度」×「感じる深さ」の掛け算で推計します。

第3段階は「理科の時間」。その「不」が生じている理由を分析します。

最後の第4段階は「社会の時間」。なぜ世の中でそのような「不」が解消されずに残っているのか、という社会的背景の分析をします。

以降では、そのプロセスを順を追って説明します。

ビジネスチャンスを探すステップ―「国算理社」思考法

①１時限め【国語の時間】　誰が、どのような時に、どんな「不」を抱えているのかを捉える

↓

②２時限め【算数の時間】　期待する事業規模に相応しい大きさの「不」であるかを確認する

↓

③３時限め【理科の時間】　その「不」が生じている理由を分析する

↓

④４時限め【社会の時間】　その「不」が解消されていない社会的な背景・慣習を探る

事業としてその解消に取り組むに相応しい「不」であるかを確認し、その発生理由と背景を把握することで、ビジネスチャンスを見つける。

5.2

1時限め・国語の時間
「不」の気持ちを洗い出す

マーケティングの基本は国語力

小学校時代の、「国語」のテストを思い出してみてください。

「その時の主人公の気持ちは？」「なぜ主人公はそんな行動をとったのでしょう？」「著者は何を伝えたかったのでしょう？」といった問題がよく出題されました。

この問題は、文章を通じて登場人物の状況や心情、書き手の意図をどれだけ察することができるかを問うものです。文章中に直接「○○な気持ち」とは書かれていなくても、書かれている事実をベースに、想像をふくらませ、深く洞察し、登場人物や著者の気持ちを想像することが求められます。

これは、マーケティングにおいてユーザーのニーズや市場の動向を考える作業に似ています。

マーケティングとは、広義では「売るためのしくみづくり」、狭義では「人の気持ちを慮《おもんぱか》ること」だと私は捉えています。**「人がどんな『不』を抱えているのだろう」と思いをはせ、どうすれば解消できるかを考えるのが、新規事業を考える原点です。**

マーケティングにもさまざまなスキルがありますが、すべての基盤は「人の気持ちを慮る力」です。その土台なしに、どれだけ精緻な企画を積み上げても、もろく崩れてしまうだけです。まずはなによりも、ユーザーの気持ちをくみ取ること。そこに国語力が必要となるのです。

All About 起業時に探り当てた「不」の気持ち

私はAll About社を起業する際、さまざまな分野の専門家を数百名擁している強みを生かして、「どんな価値を提供できるか」をいつも考えていました。

「専門家ならではのよりよい情報を提供する」と言ってしまえば簡単なのですが、ではその「よりよい情報」とは何か、読者が本当に求めているものは何か、と徹底的に考え抜きました。

そこで見えてきたのは、当時のインターネットユーザーたちが既存のｗｅｂサービスに対して抱いていた「不」――「うまく情報を探せない」「信頼できる情報かわからない」という気持ちでした。

それらは「よりくわしい情報」や「先進的な情報」を求めているのとは異なる気持ちです。そういった情報を求めている読者は、Googleなどの検索エンジンを使って自分で調べることができるはずです。

一方で、知りたいテーマについて予備知識のない「初心者」は、Googleで調べようにも検索すべきキーワードがわかりません。検索結果を見ても何が正しい情報か判断がつきません。その時、「うまく探せない」という失敗によって、「不安」が生まれます。All Aboutが提供するサービスは、そうした人々の「不」を解消するものでありたい、と私たちはまず考えました。

こうして「不」を見つけても、そこでストップしてはいけません。「それはつまり?」「具体的に言うと?」「どういう場面で?」と5W1Hの質問を繰り返し、できるだけ細かくさまざまな角度から「不」の洗い出しを続けていきました。そして、そのような「不」を抱える人の顔やシーンが、よりリアルに思い浮かぶようになってきました。私たちが最終的に着目した「不」とは、次のようなものでした。

インターネット利用時に、調べたいテーマについてくわしくない人が抱く、情報の信頼性に対する「不安」と、調べるのに手間がかかるという「不便」

ビジネスチャンスを探すプロセス①　国語の時間

（例）総合情報サイト「All About」起業時に行った「不」の洗い出し

Q. 人々はインターネットの情報サービスに対して、どんな「不」を抱えているか?

A. 「検索してもうまく情報を探せない」
A. 「どんなキーワードで探せばよいかわからない」
A. 「何が正しい情報か判断がつかない」

Q. それは、つまり？ 具体的に言うと？

A. 情報が正しいか不安
A. この情報で十分かどうかがわからず不安
A. 間違えて失敗したくない。外してはずかしい思いをしたくない
A. 調べるのに手間がかかって不便

Q. それは、どんな人が、どんな時に、どのような場面で感じる「不」？

A. その分野にくわしくない人
A. 間違えた情報で失敗したくない時
（例えば「金融」「住宅」「健康」など大事なことを調べる時）
A. あまり手間をかけずおおよそのことを知りたい時

最終的に着目した「不」

⇒インターネット利用時に、調べたいテーマについてくわしくない人が抱く、情報の信頼性に対する「不安」と、調べるのに手間がかかるという「不便」

取引企業が抱える「不」の例

○原材料の納入企業が抱えがちな「不」
・需要量が読めないと在庫リスクがある
・急に発注されても納入できない
・少量ずつ納入するのは効率が悪い

○製造委託先企業が抱えがちな「不」
・発注のたびに製造ラインを変えるのは面倒
・個別性が強いと生産効率が悪い
・少量ずつ生産するのは効率が悪い

○物流企業が抱えがちな「不」
・小ロットの輸送は効率が悪い
・時間が指定されないと効率が悪い
・荷室を空にしてトラックを走らせたくない

○小売店・販売代理店が抱えがちな「不」
・説明に手間がかかり難しい
・売り場のスペース効率が悪い
・マージンが低い

この「国語の時間」では、できるだけ多くのさまざまな「不」の気持ちを洗い出し、そのような「不」の気持ちを「どんな人が」「どのような場面で」「どんな『不』として感じているのか」について考え抜くことが大切です。この作業で見えてきた「不」こそ、今後検討を進めていくうえでの出発点となります。

考えるべきはお客様の「不」だけではない

お客様のニーズのほかにも、目を向けるべき「不」はあります。

事業は多くの場合、さまざまな取引企業との協力・協業、委託・外注によって成り立っています。

事業運用の一連の流れであるバリュー

社内の各部署が抱える「不」の例

○人事部の「不」
- 従業員の退職率が高い
- 満足できるレベルの人材を採用できない
- 大量の採用・教育は大変

○営業部の「不」
- 売るのに手間がかかると効率が悪い
- 個別に営業方法が違うと面倒

○経理部の「不」
- 少額案件の処理が面倒
- 債権回収リスクがある
- 新規取引には審査が必要

チェーン（仕入れから製造、物流、販売にいたる業務の流れ）の各プロセスの中にも、さまざまな「不」が存在します。

お客様の「不」が解消できれば、購入が増えて売上につながります。

対してバリューチェーン上の「不」は、解消によって安く仕入れることができたり、品質よく製造できたり、効率的に運べたり、積極的に販売してもらえたり、といった事業運用力を向上させます。

取引企業には右ページのような「不」が起こりえます。自社にあてはまるものがないか、チェックしてみてください。その解消にもビジネスチャンスが隠れているはずです。

社内でも同じように、「不」を探ってみましょう。事業の運用にはさまざまな部署が関与します。それぞれの部署の人の立場や気持ちを慮り、彼らの抱える「不」も解消できるようになれば、その事業はスムーズに運用され、結果的により収益性の高いものになるでしょう。

社内の各部署では、例えば前ページのような「不」が考えられます。

新規事業を実現していく上でのハードルは、「お客様に受け入れてもらえるか」だけではありません。お客様受けがよくても、運用が追いつかなければ実現はできません。しかし社内の「不」の解消によって低コストや迅速なデリバリーが実現できれば、これまであきらめてきた新領域への展開に乗り出せるかもしれません。結果として、これまで手つかずできたお客様の「不」も解消できる可能性が広がります。

「お客様第一」はもちろん大前提。しかし同時に、取引先や社内も含めた全体の「不」も俯瞰的に見渡すことが大事です。それが最終的に、お客様の「不」をなくす手立てとなるでしょう。

5.3 【国語の時間の補講】「不」を捉えるためのコツ

前項で、「不」の気持ちをできるだけ洗い出しておくことが重要だと述べました。その具体的な方法について、さらにくわしくお話ししましょう。

ステップ① 俯瞰する

最初に行っていただきたいのは、その領域の「全体俯瞰」です。

「旅行で知らない街に行ったら、まずその街で一番高いところにのぼり、街を一望してみるとよい」という話がありますが、まさにその要領です。

そこで考えつくのは、やはりネットからの情報収集。しかし何がキーワードかもわからない時点でむやみに検索するのは非効率です。まずはその領域の情報が広く扱われているポータルサイトなどを見つけて、その目次や索引、見出しを見てみましょう。

業界紙・誌のバックナンバーを取り寄せるのもよい方法です。過去の特集や定番コーナーのタイトル、掲載されている広告を見れば、その領域で何が話題になってきたか、業界内で注目されていることは何か、業界のプレイヤーは誰かがわかります。

とくに雑誌というものは実に便利で、例えば一〇代女子をターゲットにした事業を考えるなら、一〇代女子が読みそうな雑誌を集め、各誌の特集タイトルを並べて見れば、ターゲットの関心事が手に取るようにわかります。

ステップ② 現場を見て話を聞く

ｗｅｂや雑誌からだけでなく、「現場」にも足を運びましょう。

まず見るべきは、お客様との接点である販売・営業の現場。小売店舗だけでなく、住宅展示場、メーカーのショールームも参考になります。商品の配置や配列、案内文、店員の応対などから、売り手がどのようにユーザーと接点を持とうとしているのかがわかります。

店内のお客様も観察しましょう。店には誰と来るか、「目的買い」か「ぶらりと暇つぶし」か、店内をどんなルートで歩き、どの棚の前で立ち止まるか、手に取った商品のどこを見るか、店員とはどんな話をするのか、店員の応対に満足しているか、店を出るまでどのくらい時間をかけるか。**行動や態度、しぐさ、服装などから得られる情報量の多さは、マクロ的な統計資料に勝ります。ＰＯＳデータには現れない発見が得られることでしょう。**

見本市やフェアに足を運ぶのもおすすめです。そこはまさに「業界の縮図」なので、ひと回りすれば領域全体が俯瞰できます。出展ブースの大小や看板に書かれた文言も、業界の主要プレイヤーといまのキーワードがつかめる、有用な情報源です。

ここでも「来場者」に注目し、どんな人が何に関心を持っているかをつかみましょう。そして自ら「お客」となって出展ブースで営業を受けてみましょう。その領域での商売の「売り」のポイントがどこにあるのかを体感できます。

仕入れ、製造、物流、アフターメンテナンスなど自社の現場を見ることも重要です。従業員の表情や動き、取引業者との交渉・折衝の現場の様子から得られるヒントはたくさんあります。その領域で重視されるものは価格か、品質か、納期か、新規性か、安定性か――といった価値観もわかり、プレイヤー間での業界内での力関係も見えてきます。何が競争力の源泉となり、原材料の供給会社、製造会社、販売会社のうち、誰が実質的に主導権を持っているかは、新規参入を目指す場合、きわめて重要な視点です。

また、現場ではお客様や従事者に直接話を聞きましょう。自分の目と耳で確かめてこそ、見えてくるものがあるからです。その場で浮かんだ疑問をその場で解消できる、というメリットもあります。

なお、**話を聞く時には「コツ」があります。**

まず、「4W2H」で質問すること。すなわち「Why」を除く「When」「Where」「Who」「What」と、「How」「How Much」を加えた2Hで、**「実際にやったこと・していること」の事実を聞きます。**

次に「Why」で、その理由を聞きます。これは「仮説」とも言い換えられます。事実の背景にある思いや気持ち、考えです。

最後に「意見・要望」を聞きます。実際のところ、ここで的確な意見や要望が出てくることは少なく、それに応えることがよい事業につながるわけでもありません。ここで有意義なのは、話を聞くこちら側が「不」の内容とその背景に想像力を巡らす姿勢を磨ける、ということなのです。

ステップ③ お客様になりきる

そして最後は、自身がお客様になりきってみましょう。

買い手の視点に立つと、街の看板やポストの折り込みチラシ、店頭の商品配置も、いままでと違った感じに見えてくるものです。

前出のくらたまなぶさんは、このことを「イタコのように憑依《ひょうい》する」のだと表現されていました。何人もの女性にヒアリングをするうちに自分まで女性言葉になってしまったことがあるそうです。これくらい入り込めば、「不」の理解も深くなるでしょう。

感情移入しすぎて冷静な判断ができなくなっては困りますが、この段階では冷静な第三者にとどまらず、対象者に同化することが大切です。「なんとかこの『不』を解消しなければ」と思えるからこそ、事業化の困難を乗り越えるモチベーションにもなるのです。

お客様目線・素人目線・部外者のプロ目線

このように、**掘り下げ段階では「プロの目線」からいったん離れる**ことが重要です。

その「プロでない目線」にも、さまざまな側面があります。

1つめは言うまでもなく、**「お客様の目線」**です。売り手は最初、買い手のためを考えて製品・サービスを設計しますが、時とともにその姿勢は変わってしまいがちです。自社の収益率を高めようと、早く・楽に・安く・簡単に業務を回せるように改善するうち、買い手がなおざりになることがあるのです。とくに代理店などを介した場合、最終消費者よりも接点の多いそれらの企業側の「不」にばかり目が行き、消費者が望んでいるものから乖離してしまうこともままあるため、掘り下げ時点から注意しておきましょう。

2つめは、**「素人目線」**です。その分野・領域について知識を持たない人は時々、プロにはない新鮮な発想をします。プロがとらわれがちな慣習や常識から離れ、シンプルに価値を生むことだけに集中してベストな方法を模索した結果、既存のものにはない破壊的なイノベーションを生むことがあります。

少しでもひっかかることがあれば、予備知識ゼロの新人社員になったつもりで、「それはなぜ？」「つまりどういうこと？」と何度も繰り返して問い続けましょう。

３つめは、「**異分野・他領域のプロ目線**」です。未知の分野や業種の情報を集めていると、「なぜこんな方法をとっているのだろう？」などと、疑問に感じることが少なからずあるはずです。その疑問は、自分が自社の属する領域のプロだからこそ生まれるものです。ということは、自社が培ってきた知識や経験を応用できるチャンスでもあります。

居酒屋チェーンによる老人ホームの運営も、コンビニ事業者による在宅介護も、ＩＴ機器メーカーが手がけた音楽ソフト流通も、こうした目線から生まれた事業です。

従来その分野で事業を行っていた企業にとっての「通例」が、他業界にとっての「どうして？」「もっとこうしたほうがよいのでは？」になる。それは、異分野のプロだからこそ見えてきた「不」であり、すなわち新規参入のチャンスです。そこから新たなサービスが生まれ、新たな価値の提供が始まるのです。

5.4 「不」の大きさを立体的に測る

2時限め・算数の時間

検討に値する「規模感」はあるか

誰がどんな「不」を抱えているかがわかったら、次はその「不」の大きさを考えます。その新規事業が企業から期待される規模の事業にならなければ、企業がそれを検討する価値はありません。

ただ、この時点では、詳細な推計やシミュレーションは必要ありません。文字どおり「算数」程度のざっくりとした計算にとどめ、検討に値する規模感があるか否かを確認するだけで十分です。数字の精度を高めることに時間とコストをかけたり、データが不十分だという理由で検討をストップしたりしてはいけません。

市場の規模は「不」の大きさで決まる

前述のとおり、事業とは「『不』の解消」です。ということは、市場の規模は「不」の大きさを意味します。「不」の大きさは、次の公式で求められます。

「不」の大きさ ＝ 広さ × 頻度 × 深さ

「広さ」とは、その「不」を抱える人（もしくは組織・法人）がどれくらいいるか、ということです。あるサービスが多くの人に支持されるとしたら、それは同種の「不」を抱える人が多かったということ。その「不」を抱える人が多いほど、市場も大きくなります。

「頻度」とは、「不」を感じる回数のこと。日に何度も感じるような「不」もあれば、人の一生のうちある特定の期間や場所だけで感じるものもあります。もちろん、その回数が多いだけ、市場規模は大きくなります。

「深さ」とは、「深刻さ」「重大さ」を意味します。これも、深いほど市場規模は大きくなります。

「不」の大きさに着目したリクルートの事業展開

リクルートの事業は、求人や住宅の分野からスタートし、その後は、旅行、中古車、結婚式場、飲食店、美容室といった領域での情報サービス事業へと展開してきました。新たな領域への展開を判断する際は、まさにこの「公式」をもとに検討していました。

就職や転職、住宅購入について考えた場合、「広さ」（対象人数）は一部に限られ、「頻度」もそう多くはありません。しかし、就職や住宅探しの失敗は人生の一大事。その意味で、「深さ」の度合いはかなりのものです。

それに比べ、中古車や宿泊先探しは「広さ」も「頻度」も多くなります。しかし選択に失敗したときの「不」は、就職や住宅購入に遠く及びません。飲食店や美容室となると「広さ」も「頻度」もさらに増えますが、「深さ」はさらに浅くなります。

このような見立てで、「広さ」×「頻度」×「深さ」で世の中全体の「不」の総量を測り、それが大きいと見込まれる領域から優先的に事業展開してきました。

近年の例で言えば、急激な発展を遂げたツイッターやモバイルゲームは、決して深い「不」から生まれたものではありません。しかし、「いちいちアドレス入力するのは面倒」「ちょっとした時間の手持無沙汰」といった小さな「不」でも、それを抱える人が膨大にいたことで、大きな市場になりました。

このように、**浅くとも広い「不」もあれば、狭くとも深い「不」の市場もあります。**

多くの事業企画書では、市場規模の推計の際、「環境対策市場○兆円」とか「少子高齢化により高齢者市場は○兆円」といった各種シンクタンクの数字をベースにします。しかし、算出根拠が実感できない数字を見ても、なかなかリアリティーがわきません。まずは「不」の大きさに着目し、その市場規模を感覚的に把握することが大切です。

売上規模を推定してみる

市場の大きさをおおよそイメージできたら、市場の中で**どの程度の売上が期待できそうかを推計**します。これも、ざっくりとした計算でかまいません。「ひとケタ間違えてもいい」くらいのラフさで試算してみましょう。

事業の売上は、単純化すれば、おおむね次の公式で求められます。

売上　＝　人数（組織・法人数）×　回数（頻度）×　単価

「人数」は、前述の「広さ」と同じです。全体として対象者がどれくらいいそうか目算

ビジネスチャンスを探すプロセス②　算数の時間

（例）リクルートの情報サービス事業の事業展開

「転職」「住宅」領域の「不」の大きさ ＝ 広さ × 頻度 × 深さ

広さ：小さい（対象者は一部）
頻度：とても少ない（機会は多くない）
深さ：かなり深い（失敗したら一大事！）

⇒転職する人や住宅を買う人はそう多くないし、その回数も人生の中で限られるが、失敗した時の痛手は大きいので１回あたりの「不」は大きい。

「飲食店」「美容室」領域の「不」の大きさ ＝ 広さ × 頻度 × 深さ

広さ：かなり広い（対象者はたくさん）
頻度：多い（機会・回数は多い）
深さ：浅い（失敗してもそれほど深刻ではない）

⇒飲食店や美容室選びに失敗しても痛手は転職や住宅購入に比べれば大きくないが、利用する人は多く、頻度も多い。

「広さ」「頻度」「深さ」の３つの要素の掛け算で「不」の総量を測り、より大きいと見込まれる領域から事業を展開

を立てた上で、そのうちどれくらいの割合の人が使ってくれるかを考えます。

「回数」は、その人が「不」の解消のために何回くらい（またはどれくらいの期間）使ってくれるかを考えます。

そして「単価」は、現状での「不」の深さによって決まります。深刻な「不」であれば、解消されることへの期待で高い単価が期待できますし、ほかに解消の手段がない「不」の場合も、価格競争にさらされる心配がないため、高い単価を設定できます。

単純な計算式ですが、それでも数千万円規模か、数億円規模か、数十億円に届こうとするならばどれくらいの販売数と単価が必要なのか、といったおおよその見当がつきます。

粗いものでもかまわないので、早い段階で売上規模の推計を行い、検討を続けるべきテーマかどうか、案のスクリーニングをしておくことをおすすめします。

いまある何かと比較してみる

とは言え、あまりに未知のことが多く、何を基準に市場規模の数字を仮置きすればよいか見当がつかない方もいるでしょう。

そんな時は、既存の何かと比較することで目算を立てましょう。**いくら「まったく新しい価値」を掲げる新規事業でも、なにかしらの既存製品やサービスから市場規模は類推で**

きるものです。

例えば、クルマの個人間売買を支援する新規事業を検討するとします。それはたしかに「これまでにない」サービスかもしれませんが、これまでにもクルマを個人間売買していた人はいるはずで、その過程で周辺にある各種サービス（車検や登録代行など）を利用していた人もいるでしょう。また、業者に委託せず周辺の手続きや作業をすべて自分で行っていた人もいるでしょう。これら代替手段や自分で行うことにかけた手間などを勘案してそれらと比較することで、市場の規模を推定してみましょう。

市場規模の推定を行うためには、解消しようとしている「不」の本質はどこにあって、いままではその「不」をどうやって解消してきたのか、新しいサービスは従来からある何を代替することになるのかを考え、それらと比較し参考にするとよいでしょう。

5.5

3時限め・理科の時間
「不」が生じている理由を探る

誰がどのような「不」を抱えているかを洗い出し、そのうちどんな「不」に着目するかを考え、その「不」の大きさを確認できたら、「これはよいテーマを見つけた！」と一足飛びに解消策のアイデア出しへと進みたくなるところです。しかしその前に、『不』が生じている理由」を解明することが必要です。

このステップを省くと、検討が思いつきレベルに終始しがちです。発生理由が見えていれば、なにに着目して解決策を考えればよいかが明確ですし、検討が壁にぶつかっても、ほかのさまざまな角度から代替案を考えることが可能になります。

All Aboutで探り当てた「不」の理由

「国語の時間」で登場した、All Aboutの事例をふたたび挙げましょう。

All Aboutでは、当時のインターネットユーザーが抱えていた「不」を、「情報の信頼性に対する不安」と「調べるのに手間がかかる不便」であると捉えました。

さらに、「その分野にくわしくない人が、間違えた情報で失敗したくない時に、調べるのに手間がかかることに強い『不』を感じている」と捉え、それらの「不」が生じている理由を徹底的に掘り下げて考えました。

私たちが当時考えた「不」の発生理由は、149ページのとおりです。

この時、どれだけ理由を細かく、深く、ていねいに分析できているかが、この先検討していく解消策（事業アイデア）の魅力度を左右します。

そして、大事なことは、さまざま挙げた理由の中で、「何が根本的な理由であるか」を見抜くことです。

All Aboutでは、「情報の出所が明らかになっていない」ことが根本理由であると考えました。そして、読者に対して情報の出所を提供することが最も重要であると考え、All Aboutのサイトの編集方針を決めていきました。

これら「不」の理由の分析を経て、実際にAll Aboutが「不」の解消策として取り組んだことは、149ページのとおりです。

このうち、プロフィール明示、とくに顔写真の公開に関しては、ためらいを見せる専門家も当時はいました。いまでこそSNSなどで顔写真やプロフィールを公開する場も増えましたが、当時はまだ「2ちゃんねる」などの匿名サイトが一般的だったからです。しかし私たちは、「サイトの信頼性を示すためには必須」として、徹底して守ってきました。

事業を成功させるためには、「ここだけはこだわって実現しなければいけない」というポイントが必ずあります。それを見極めるためにも、「不」の発生理由、とくに「不」の「根本理由」はしっかり押さえておかなければいけません。

掘り下げがあまくて失敗する場合の注意点

逆に言えば、魅力的な事業企画に仕立てられない時の原因は、多くの場合、この「理科の時間」の掘り下げがあまいことにあります。

「なぜそのような『不』は生じるのか?」と何度も問い返し、「不」が生じている理由を十分に掘り下げていかなければいけません。

ただし、いくら掘り下げようとしても、表面的な分析にとどまってしまうことがあります。そんな時は、もう一度「国語の時間」に立ち戻り、「何が『不』なのか」を再検証してみる必要があります。

例えば、「もっと快適に過ごしたい」とか「もっと便利に使いたい」という言葉だけでは、何が「不快」なのか「不便」なのかが実はよくわかりません。この状態で「なぜ不快か」

ビジネスチャンスを探すプロセス③　理科の時間

（例）総合情報サイト「All About」
「国語の時間」で洗い出した「不」の発生理由を掘り下げる

Q.「国語の時間」で着目した「不」

A．情報の信頼性に対する「不安」

A．調べるのに手間がかかる「不便」

Q.「不」が生じている理由は？

A．ネット上には情報が多すぎる

A．誰が書いているのかわからない

A．書いている人が信頼できるかわからない

A．その分野の全体像がつかみづらい

A．いろいろ調べようにも予備知識が足りない

A．自分が納得できるまで調べるには時間と手間がかかる

「不」が生じた根本理由：「情報の出所が明らかになっていないから」

Q.「不」の解消策のアイデア

A．誰が書いている記事かわかるように「プロフィール」（顔写真など）を明示する

A．社会的に認められている人を起用する

A．書き手が情報の内容を保証する

A．そのテーマにおける情報の網羅性を担保する

A．失敗すると痛手が大きい領域（金融、医療、住宅等）を中心にする

A．All About 自体のブランド認知を高める

「なぜ不便か」と理由を分析しようとしても、無理があります。

ひと言で「不快」「不便」と言っても、もっと掘り下げてみれば、「面倒である」「失敗すると大変」「時間がかかる」「つまらない」「忘れがち」など、より具体的な「不」に分解できます。

「不」が発生している理由の分析は、その各々の要素に対して行わなければいけません。

ちなみに新規事業案で、「真の○○を実現する」とか「最強の○○を提供する」といった包括的な表現を使っているケースをよく拝見しますが、これは要素分解のあまさを示す兆候だと私は見ています。

十分に「不」の要素分解を行わずに、発生理由の分析や解消策の検討に進んでしまうと、結果的に焦点のあまい製品やサービスになってしまいます。

自分の中でしっかり納得するまで、「不」の発生理由の分析を徹底しましょう。

5.6 4時限め・社会の時間 「不」が存在する背景を理解する

なぜ「不」は解消されずに残っているのか

前項で、「不」が生じている理由分析について述べました。しかし、理由がすでに明らかなら、誰かがすでに解消していてもよいはず。それでもいまだ解消されていないことには、その「不」を解消しがたいなにかしらの事情が背景としてあろうというものです。

背景として真っ先に思いつくのは、技術的な課題です。「不」の存在も解消のための方向性もわかっているが技術的に難しい、あるいはコスト的に採算が合わないというケースです。しかし、技術的な課題がどこにあるのかが明確ならば、どんな技術開発や運用上の工夫が必要なのかはわかります。つまり、実現のための注力ポイントが見えるのです。

事業化の判断は、そのために必要な投資と時間とリターンとのバランスで考えればよいことになります。

「不」が解消されずに残っている社会的背景には、技術的な課題以外にもさまざまなケースがあります。ここでは、PEST分析のフレームが使えます（左ページ参照）。

地理的条件、人口動態、社会インフラ、景況、為替、法律など一企業の取り組みや努力ではどうにもならないことも多いのですが、**「常識」とされている業界慣習や生活習慣は、一企業の提案で変えていける可能性もあります**。

例えば、旅館という業態では、接客・調理・掃除などをそれぞれ別の従業員が担当するのが長年の常識でした。分業は専門性が発揮しやすく時に効率もよいのですが、時間帯によって従業員に空き時間ができてしまう非効率も生じます。この常識を破り従業員をマルチタスク制（従業員がさまざまな業務を兼務する体制）にしたのが星野リゾートです。また、メガネ小売店のＪＩＮＳは、パソコン専用メガネという新カテゴリーで「パソコンの前ではメガネをかけ替える」という生活習慣を提案して、新たな市場を開拓しました。

変化の中にチャンスあり

社会的背景も、時代によって大きく変化します。

一時の大幅な円高は、輸入品を安価に仕入れることを可能にし、１００円ショップや低価格の飲食店などの業態を可能にしました。しかし今後、外国人労働者の賃金が上がるな

ビジネスチャンスを探すプロセス④　社会の時間

■PEST分析フレームで「不」が生じている社会的な背景を探る

●政治（Politics）
法律、政策、監督省庁や自治体の方針、自主規制などの規定など
●経済（Economics）
景況、金利、為替など
●社会（Society）
社会インフラ、業界構造、業界慣習、生活習慣、社会的常識など
●技術（Technology）
技術レベル、供給コスト、品質の安定性など

「不」が生じている背景や変化の中にビジネスチャンスがある

●政治（Politics）
例）金融商品の取り扱いにはさまざまな規制がある
⇒インターネットで買うことができない商品もある
⇒規制緩和されればビジネスチャンスが広がる

●経済（Economics）
例）外国人観光客が少ない
⇒円高なので外国人客にはコスト高
⇒円安になれば、外国人観光客が増え、ビジネスチャンスにつながる

●社会（Society）
例）旅館は職種ごとに分業するのが一般的で人件費が多くかかる
⇒複数の仕事を１人でこなすマルチタスク制でコスト圧縮
⇒浮いたコストを別のことにかけ、サービスレベルを大きく向上

●技術（Technology）
例）過去ログをすべて保存しておければよいが、コストが膨大で無理
⇒ITの進化で大幅にコストが低減できる可能性あり
⇒ビッグデータビジネスの可能性あり

どの変化が起きれば、低価格を武器にした業態は難しい局面を迎えるかもしれません。

法律が変わり金融商品の取り扱い規制が緩和されれば、銀行がさまざまな金融商品を窓口で販売できるようになります。食品販売時の表記方法の規制が変われば、新たな機能性食品事業の可能性も広がるでしょう。

固定電話から携帯電話へ、携帯電話からスマホ、タブレットへと通信機器の普及率がさらに上がれば、私たちの生活様式も変化し、そこでも新たな事業の機会が広がります。

社会的環境の変化で新たな「不」が発生していても、その解消のための事業がまだ世に出ていないというケースもあるでしょう。このような時も新規事業の大きなチャンスです。

EPISODE

私の「国算理社」実践例

私が過去実際に「クルマの個人間売買の支援サービス」を検討した際に行った、「国算理社」によるアプローチ方法をご紹介しましょう。

①「国語」（誰がどんな「不」を抱えているか）

誰もが「もっと高く売れたらいいのに」「もっと安く買えたらいいのに」と思っています。業者に買い取ってもらった時の価格と、市場で売りに出される時の価格に大きな差があることは、クルマの売買を経験したことのある多くの人が不満に思っています。

一方で、個人間で売買すれば金銭面のメリットは大きいと期待しますが、いざ自分で行うとなると、面倒、不便、不安など、さまざまな「不」がありそうです。

②「算数」（「不」の大きさ）

中古車市場の大きさそのものと、個人間売買市場の小ささとのギャップが「不」を感じている人の数と言えます。また、業者による買取価格と販売価格の金額差を実例で調査し、個人間売買した時の金額との差を検証し、個々人が感じる不の「深さ」も推察しました。
③「理科」（「不」の発生理由）
個人間売買にまつわる「不」には、「ほしい車種を探しにくいから」「手続きが煩雑だから」「金銭授受の必要があるから」「故障などのトラブルが心配だから」といった理由があると分析しました。
④「社会」（「不」が解消されていない社会的背景）
個人間だと支払いにローン払いが使えないこと、クルマの所有登録には陸運局への届け出が必要など手続きが煩雑であること、といった背景があることを確認しました。

これらを踏まえ、ビジネスチャンスはあるが、事業化に際しては「決済代行や登録代行」「事後保証」などの付加サービスが必須と考えました。

あとは、これらの付加サービスを行っても利用者が期待する価格メリットを出せるか、オペレーションの工夫が勝負のしどころか……というところまで検討を進めることができましたが、当時は中古車情報誌事業との社内競合の壁に阻まれ、残念ながら起案を断念しました。

いまは当時とＩＴ環境が著しく変わり、運営コストも大きく低下しているので、さらに実現可能性が高まっているかもしれませんね。

5.7 そこに本当にビジネスチャンスはあるか？

確認しておきたい3つのポイント

「国語・算数・理科・社会」の4つのステップを経て、「これは事業機会がありそうだ」と踏んだら、いよいよ具体的な事業内容の検討に入ります。しかしここで念のため、もう一度「本当にそこにビジネスチャンスはあるのか？」を確認しましょう。

そのポイントは3点あります。

① 先を見越したテーマであるか

1つめは、あなたの見立てが「先を見越したものになっているか」についてです。

「不」やその原因・背景の分析が、現状のみに目を向けたものになっているとしたら、少々問題です。事業とは、継続的に運営されるものです。そして「不」もまた、流動するものです。**着目した「不」が前提としている社会背景が今後どのように変わっていく可能性があるかにも、目を向けなくてはなりません。**その上で「発展性のあるテーマ」もしくは「継続性のあるテーマ」であるかを確認することが重要です。

とくに、市場の変化の激しいＩＴ系サービスではこの先見性が必要です。ＩＴ業界では絶えず新たなサービスが市場に出てきますが、その利便性が現在のＩＴ環境のみを前提にしたものなのか、３年後・５年後の環境変化をも視野に入れているかで、事業の将来性は大きく変わります。

将来にわたって、どのような「不」が発生するか、それに対しどのようなモノやサービスで対応していくかを先読みし、将来の魅力的な絵を描いたものを「ビジョン」と呼びます。この段階でそのビジョンが描けるかどうか、チェックが必要です。

② 自社との相性

「資本力」「技術力」「営業力」「設備」「ブランド」といった自社の経営資源が活かせそうか否か、ということはすでに考慮したことでしょう。これと同等に大事なのが、自社との「相性」です。「らしさ」と言い換えてもかまいません。

「『らしく』ないからこその新規事業なのでは？」という意見もあるでしょう。しかし時

自社との「相性」をチェックする際のポイント

①商売特性

・営業スタイル

（例：新規獲得主体の「狩猟型」かリピート主体の「農耕型」か、
「提案型」か「請負型」か）

・商売の取引単位規模

（例：１回の取り扱い受注金額の規模：数百円〜数十億円）

・事業評価のタイムスパン

（例：収益管理のスパン：日商〜月商〜年商〜３か年計画）

・投資スタイル

（例：初期投資先行型、日銭商売型）

②行動様式

・時間感覚

（例：「これ急ぎで」と言う時の締め切り感覚：「今日中に」〜
「明日までに」〜「月内には」）

・頭を下げる商売か、頭を下げられる商売か

・取引相手に対するホスピタリティ

・ミスや納期、コスト管理に対する寛容度、シビアさ

③価値観（何を重視して事業を考えるか）

・何をもって社内で「よい事業」と言われるか

（例：売上が大きい、利益率が高い、ユーザー数が多い、シェア順位が
高い、品質がよい、先進的である、歴史が長い、顧客満足度が高い）

・誰からの評価を気にして経営するか

（例：顧客、競合、取引先、株主、親会社、監督官庁）

に、**新規事業が「社風」や「慣習」とそぐわないことが大きな障壁になることがあります。**

前ページに挙げたのは、自社との相性に大きな違いが出るポイントの例です。

これらの特性は、必ずしも優劣ではありません。ただ、私の経験から言うと、いわゆる企業力や経営資源の優劣よりも「らしさ」からくる相性のほうが、手がけるビジネスへの影響が大きいと考えています。

例えば、大きな設備投資が必要な事業に携わっていると、中長期の市場の見立てや期待成果のシミュレーションには長けますが、小売りなどいわゆる「日銭商売」で毎日の状況を見て迅速に施策を変えていく必要のある、スピードを要求される事業には向きません。また、特定の顧客へのルートセールスばかりをしてきた会社が、不特定多数の新規顧客の獲得をしようとしても、営業マンの数はいても対応が難しいでしょう。

「らしさ」は、その会社の生い立ち、歴史、長く続けてきた仕事のやり方を通じて、脈々と受け継がれてきたもので、そこで働く人間には気づきにくく、変えがたいものです。「らしい」事業であるか、十分に考えて臨みましょう。

③ 自分の思いが込められるテーマか

ほぼすべての新規事業は、筋書きどおりにはいきません。起案者は、実現までの厚く高い壁を乗り越えるために、確固たる意志力を持たなくてはなりません。

それだけに、起案者が「思いを込められるテーマであるかどうか」はとても大切です。理屈だけで考えて「検討してもよいだろう」という程度の動機では壁を乗り越えることは難しく、検討が頓挫してしまうことが往々にしてあります。社内の評価者は基本的に新規事業に対してネガティブに接しますから、起案者にはそれを乗り越えるモチベーションが必要なのです。

では、その「思い」はどのようにして生まれるものでしょうか。

もちろん、単純に「好き」という気持ちでもかまいません。また、現場へのヒアリングを通じて感じた**「この『不』を解消することでよろこんでもらいたい」という貢献の気持ちや、「こんな『不』があるのは許せない」という正義感も、強い動機となりえます。**

さらには、「わが社が（自分が）やらねば」という使命感まで込められれば理想的です。強い意志と情熱があれば、障壁にも屈せずに事業化を推進していくことができるでしょう。

以上3つのポイントをクリアできたら、具体的な事業企画づくりに進みましょう。

COLUMN

5

具体案を急がない

近年、「リーンスタートアップ」という考え方が広がっています。

「小さくてもいいから、まずは始めてみよう」というこの考え方に、私も基本的に賛成です。頭でっかちになってしまって行動できない企業や、リスクを取らない安定志向の組織には、とくにこの精神が必要です。

しかしそれは「やみくもにスタートせよ」ということではありません。

よくある失敗例――とくにモノづくりや技術を得意とする会社によく見られるのは、「誰がどんな『不』を抱えているのか」を深く掘り下げずに、いきなり試作品の製作や技術開発の検討に入ってしまうケースです。そしてあとになって「そもそもなんのために？」といった議論をする――という事態を、私は多く見てきました。

新規事業の勝負のポイントは、具体的な事業の仕立てよりも、その手前の「不」の掘り下げにあることがほとんどです。具体案の検討を急がず、「国語・算数・理科・社会」によって、しっかりと事業開発に取り組む前提を押さえておきましょう。

ここをないがしろにして具体策を急いでも、よいことはありません。

第6章

新規事業をつくり出す　その③
「アイデア」から「プラン」へ
事業のしくみを考える

6.1 事業企画を仕立てる前の3つのステップ

第5章では、事業が対象とする「不」をしっかり把握するための方法をお話ししました。「不」が明らかになったところで、次に考えるべきはその解消方法です。**新規事業の企画とは、ひと言で言えば「『不』の解消方法を考えること」**です。

「誰が」、「どんな『不』を」、「なぜ」抱えているのか。解消できていない背景に何があるのか、がわかったところでその解消方法を考えます。

「不」の解消方法について新しいアイデアを出すには、枠にとらわれない発想力が必要ですが、それは必ずしも奇想天外な発想方法である必要はありません。

真摯に「不」と向き合い解決策を考えることが、結果的に新しい発想に結びつくのです。それを確実に行っていくための、3つのステップについてお話ししましょう。

事業企画を仕立てるための3つのステップ

①アイデア・「不」を解消する方法の案を出す

→

②プラン・アイデアを実現する「しくみ」づくり（戦略・戦術・オペレーション）

→

③計画・実行計画の組み立て

アイデア・プラン・計画

新規事業案を、最終的に「企画書」としてまとめるには、①「アイデア」②「プラン」③「計画」という3段階を踏むのが、最もスムーズで確実です。

①アイデア

最初は、あくまで「思いつき」のレベルから始めましょう。

いきなり具体的な施策を考えるのは禁物。「実現可能だろうか」と考える必要もありません。ただ、「こんなふうにできたら『不』を解消できそう」と考えてみてください。

そのイメージが描けたら、徐々に、「どうすればできる？」「実現可能か？」「儲かるだろうか？」と、順を追ってアイデアを深めていきます。

大切なのは、まず「理想形」を頭に描くこと。そして「できるかも」「勝てるかも」「儲かるかも」とポジティブに発想を広げていく姿勢です。

②プラン

次に、そのアイデアを「事業」にするためのプランを練りましょう。

それは言い換えると、「しくみ」づくりです。なぜなら、事業とは「しくみ」だからです。

- 社会に価値を提供し続けられるしくみ
- 多くの人に価値を提供するためのしくみ
- 運営の効率を高め価値を提供しやすくするためのしくみ
- 競合や代替品に勝っていけるしくみ
- 得た収益を元手に次の投資を行い、拡大再生産できるしくみ

生まれたアイデアを、どのようにこれらのしくみへとつくり上げ、稼働させられるかを考えることで、「不」を解消できる事業の形がだんだんと見えてくるでしょう。

③計画

次の段階は、その実行計画の組み立てです。

経営資源（ヒト・モノ・カネ）をどれだけ投入し、どのように業務を回していけば事業を実行できるのか、実行したらどれだけの成果が得られそうか、結果的にどれだけの収益が得られそうか。

それらをシミュレートしたものが、事業計画です。

なお、新規事業は常に計画どおりにはいかない不確実性を伴います。

計画の中には、リスクもきちんと読み込んでおかなければなりません。

以上をまとめ、**起案先の経営者や協力を求める関係各所への説明用にまとめたものが「事業企画書」**です。

どんな事業を、何のために行って、何を目指すのか。そのためにどんな投資をして、どんな成果を期待するのか。実行のために何を経営判断しなくてはならないのか。

これらをまとめて起案するまでが、新規事業担当者としての第一のゴールになります。

では、アイデアからプラン、計画へと進める方法を具体的に順を追って説明しましょう。

6.2 「アイデア」を生み出すための思考サイクル

「不」が解消された理想的な状態をイメージする

「不」に正面から向き合い、原因・背景を直視すること。

既存の常識や枠組みにしばられず、「不」のない状態をイメージすること。

これが、「事業」のアイデア出しに不可欠な2つの姿勢です。

ですから**最初は、実現方法や採算性などは考えない**こと。「もし○○なら『不』は生じない」という、理想的な状態を思い描いてください。

ここで描かれるのは、「ビジョン」です。ビジョンというと、よく「真の○○を実現する」「新しい○○をつくる」といった言葉が使われますが、アイデア創出にはいささかあいまいな表現です。「真の」「新しい」では具体性に欠け、事業に取り組む際の目的意識も不明瞭になりがちです。目標とすべきは、「不」がない状態のことです。その状態を明確にイメージし、言葉に表わせるようにしましょう。

理想像と具体策の間をつなぐ「仮説」

理想的な状態が描けたら、どうすればそれが実現できるだろうかと考えます。

ここでも、一足飛びに具体的な施策を考えたり、実現可能性を考えたりするのは禁物です。抽象的なレベルでもかまわないので、「もし○○の技術があれば『不』が解消されるかも」「もしコストが××なら『不』はなくなるかも」といった「仮説」を考えましょう。

この「仮説」が具体的施策へのつなぎになります。この段階を置くことで施策を具体的に発想しやすくなり、仮に壁にぶつかった時も、「仮説」が立ち戻れる拠点となります。

仮説をもとにした具体的施策アイデア

具体的施策のアイデア出しでは大きく視野を広げ、考えうることはすべて考えましょう。

1つの製品・サービスが、材料の仕入れから始まってお客様に届くまでの全プロセス（バリューチェーン）のうち、自社が携わる場面はその一部だったとしても、すべてのプロセスに目を配ることが不可欠です。

例えば、製品の機能が不十分であるために「不」が生じているなら仕様を強化する。価格が高すぎるなら、仕入れ・物流・販売方法まで見直してコスト圧縮を図る。製品・サービスの普及に問題があれば販売経路を変える、といったことが考えられます。実現方法も自社独力に頼らず、提携や協業、M&Aなどまで、広く視野に入れましょう。

それでもなお、「具体的施策」を考えるのは困難なものです。

この段階は、いわば最初に立ちはだかる「壁」と言えるでしょう。

なかなかアイデアが出ない時は前段階に立ち戻り、「仮説」を立て直しましょう。それでもダメならさらに戻って「理想」から見直し、それでも無理なら最初の「不」を捉え直す必要があります。苦しい作業ですが、何度もこのサイクルを回して打開を図りましょう。

このプロセスを、ユニクロのケースを例にとって見てみましょう。

ユニクロはまず、「季節ごとに大量の在庫が発生する」「ユーザーの求めるデザインを反映した製品が提供されていない」という「不」に着目しました。そして、その原因を「バリューチェーンの複雑さ」だと分析しました。そこで、「仕入れ・製造から販売まで自社で一貫して行えば解消できる」という仮説のもと、製造小売業（SPA）という新業態への変革を図ったのです。

そしてバリューチェーンのすべてに目配りしつつ、具体的施策を考えました。

衣服素材を東レと共同開発し、中国に製造拠点を設け、著名デザイナーを起用し、ロー

具体的アイデアを生み出す思考サイクル―ユニクロの事例

ユニクロが着目した「不」

・季節ごとに在庫が大量に発生する
・ユーザーの求めるデザインを反映した製品が提供されていない

①「不」が解消された理想的な状態を描く

・ユーザーが求める製品が適量で製造され流通する
・ユーザーにとって魅力的な製品が低コストで提供される

※「不」を解消する仮説が思いつかなければ、
異なる理想像を描いてみる

②「不」を解消する仮説を考える

・「不」の原因はバリューチェーンの複雑さ
・仕入れから製造・販売までバリューチェーンをシンプルに１本化

※具体的施策のアイデア出しで行きづまったら、
前段階へ立ち戻ってみる

③仮説をもとにした施策アイデアを出す

・仕入れ・製造から販売まで自社で一貫して行う（SPA）
・衣服素材の共同開発（仕入れ）
・著名デザイナー起用（デザイン）
・中国に生産拠点（製造）
・ロードサイド店舗を開発（販売）

※勝てそう、儲かりそうなアイデアが
思いつかなければ、異なる施策を考えてみる

④「勝つため」「儲けるため」のアイデアを考える

・同一デザインの多色展開
・「ついで買い」促進
・店舗運営のマニュアル化

ドサイド店舗を開発し――こうして、コスト面とデザイン面の「不」を解消したのです。

勝てるか、儲かるか

「不」の解消方法が見えてきたら、最後は「勝てるか」です。

こちらが見つけた「不」の解消方法には、他社も目をつけているはずです。現段階で競合がいなくても、事業化後には早晩他社も追従してきます。早く立ち上げて市場を席巻してしまうことも有効ですが、**継続的に勝つ方法も同時に考えなくてはなりません**。

経営資源を活かしながら、競争優位をつくる方法を考えましょう。158ページで「事業テーマと自社の相性」に触れましたが、これも競争優位をつくる大事なポイントです。

そしてもう1つ考えておきたいのが、「儲かるか」というテーマです。

儲ける方法は、大きく分けて6つあります。

①高く売る②たくさん売る③安くつくる④楽に売る⑤安定して売る⑥効率よく運用する――このうちどこにポイントを置くかを考え、アイデアを練りましょう。

前述のユニクロでは、型は少なくして多色展開する、「ついで買い」を促進する、店舗運営をマニュアル化するなど、さまざまなアイデアで儲かるしくみをつくっています。こうした成功事例も参考にしつつ、自社に合う方法を考えましょう。

EPISODE

世に言う「発想法」は使えるか

「新規事業のアイデアがなかなか出ない」というクライアントに対し、私が普段行っているアドバイスを2つご紹介します。

1つは、「どんな新規事業をやればよいかアイデアが出てこない」という状態の方へのアドバイス。

「何から手をつけてよいかわからない」となって、世に数多く出ている「発想法」の書籍を手にするクライアントも多いですが、私はおすすめしていません。

この手の本は、自由に発想するためにカードを使ったり、曼荼羅《まんだら》のような図を使ったりと、ユニークな手法が紹介されていて、たしかにゲーム感覚では楽しめます。

ただ、それが新規事業の実務で役に立ったという話はほぼ聞いたことがありません。

それはある意味当然です。新規事業においては「なんでもよいから自由に考えて」ということはまずなく、なんらかの課題や目的、制約条件があって初めて検討が始まるからです。

結局のところ、私は4章で述べたようなロジカルな思考法を用いることが一番の近道だと思っています。

もう1つは、「課題に対する解決策のアイデアが出ない」という状態の方へのアドバイス。具体的な事業課題に対する解決策となると、その分野の専門知識がないとなかなか難しいことが多いので、部外者である私が具体的なアイデア出しをお手伝いするのは難しいです。

そんな時は、「ポジティブ・フレーミング」という思考法を紹介しています。「もしも○○だったら」とさまざまな前提をポジティブに仮置きしてみて思考を深めていく方法です。

仮に銀行がタブレットを使った新サービスを検討するとしましょう。すると決まって出てくるのは「セキュリティが脆弱」とか「誰もが持っているわけではない」とか「1台当たりのコストが結構かかる」といった課題です。この課題の前に、思考はしばしばフリーズしてしまいます。

しかし、仮に「セキュリティは万全」「タブレット普及率100%」「1台1万円以内で調達可能」であったらどうでしょうか。もしそのような状態なら、何ができるでしょうか。

このように、「もしこんな状態だったら」の絵をまず描いてから、仮置きしたこの状態を実現するにはどうするかを考えると、解決策が見えてくることがあります。

「手づまりになった時、この方法でアイデアが浮かびました」と感謝されることも多いこの方法、ぜひ試してみてください。

6.3 「アイデア」を「プラン」にする

「アイデア」がいくらよくても、それだけでは事業化することはできません。事業とは、継続的に価値を生み、収益を上げていくための「しくみ」だからです。このしくみを機能させるために必要なのが「プラン」です。プランには必ず、

- 目標達成のための「戦略」
- 何をするのかの「戦術」
- どう実行するかの「オペレーション」

を盛り込む必要があります。この3要素について順に解説しましょう。

戦略を立てる（STPと競争の基本戦略）

「戦略」とは、掲げた目標を達成するための道筋のことです。

戦略の立て方にはいろいろありますが、私が好んで使うのは、アメリカの経営学者、フィ

リップ・コトラーが提唱する「STP」(セグメンテーション(S)・ターゲティング(T)・ポジショニング(P))という手法です。

○セグメンテーション

セグメンテーションとは、「どこの市場で勝負するか」を明確にすることです。

例えば、コンビニエンスストアを「小売店」という市場で捉えるか、「生活関連サービス」という市場と捉えるか。メガネを、「医療器具」という市場で捉えるか、「ファッション雑貨」市場で捉えるか。お菓子を、「自分で買って食べる」市場に置くか、「ギフト」市場に置くか。

これによって、事業の展開手法は大きく変わってきます。顧客がどんな「不」を抱えているかをじっくり見据えることで、どういった市場の括りの中で勝負していくべきかが見えてくるはずです。

○ターゲティング

ターゲティングとは、対象とする顧客を設定すること。できるだけリアルに、具体的に、細かくターゲット像を描き出し、言語化することが重要です。

スープ専門店「Soup Stock Tokyo」では、ターゲット像に「秋野つゆ」という仮名までつけていました。『彼女は37歳の都心で働くキャリアウーマン。身につけるものは、装飾性よりも機能性を重視。フォアグラよりもレバーが好き。プールでは平泳ぎではなくクロールで泳ぐ』といった属性までつけて、ターゲット像を事細かに描いていたそうです。

このようなユーザー像を、「ペルソナ」と言います。

この手法はリクルートでも、読者ターゲットの設定時に多用しています。

事業を運営していく上では、製造、販売、広告などさまざまな立場の人が携わります。ここで「ペルソナ」を共有しておくと、ターゲットの想定がぶれにくくなるのがメリットです。

◯ポジショニング

ポジショニングとは、顧客に「どんな商品」として位置づけてもらうか、ということです。大事なのは、「売り手から見て」ではなく、あくまで「顧客の頭の中で」他社の製品やサービスとどのように違うものとして位置づけてもらうか、という点です。

「不」の掘り下げは言うまでもなく、顧客視点で考えるものです。顧客の抱く「不」を見つけ、解消方法を考えてきた以上、ここで視点を「わが社」に移しては元も子もありません。事業への仕立てを考える場面でも、顧客視点を忘れないようにしましょう。

市場においては、直接競合で疲弊しない状態にするのが一番の戦略ですが、やむをえず競争する場合は、マイケル・ポーターが提唱する「**競争の3つの基本戦略**」が有効です。

1つめは「**コストリーダーシップ戦略**」。事業を低コストで回せるようにしておくことで、競争環境が厳しくなった時にも、利益を出しやすい体質にしていくことを重視します。必ずしも低価格にしてシェアを取ろうということではありません。競争が厳しくなって価格を下げざるをえなくなっても利益を出せるようにしておくことで、競争に勝つという戦略です。

2つめは「**差別化戦略**」です。競合商品と差別化し、異なる価値で勝負することで直接競合することを避けます。

3つめは「**集中戦略**」です。ターゲットとするエリアやユーザー属性、製品カテゴリーなどを決め、その領域に集中して経営資源を投入します。対象となる市場は狭く小さくなりますが、その市場において競合に負けない強さを発揮できます。

この3つは、その性格上並び立つことができません。もちろんどの企業もコストを抑える努力はしますし、競合との差別化も意識するでしょうし、対象市場はセグメントをして

アイデアをプランにする　①戦略を立てる

「戦略」とは、掲げた目標を達成するための道筋

①「STP」で、どの市場で、何を、どんな商品として売っていくのかを明らかにする

STP	作業内容
セグメンテーション (Segmentation)	何を競合として、何の代替品として、どこの市場で勝負していくかを明確にする。
ターゲティング (Targeting)	対象とする「顧客」を設定する。できるだけリアルに、具体的に、細かくターゲット像を描き出し、言語化する。
ポジショニング (Positioning)	ユーザーにとってどんな製品・サービスなのか、競合他社のものとはどこがどう違うと位置づけてもらうかを考える。

例）メガネ店「JINS」の「STP戦略」
・セグメンテーション：ファッション雑貨市場で
・ターゲティング：ファッションに関心のある若い層を中心に
・ポジショニング：低価格で気軽につくれてファッショナブルに楽しめる

従来のメガネ店とは別の市場で勝負。低価格を売りにしたメガネ店とはファッション性で違いを出し、価格の透明性も高めた。

②競合に勝つためには……「競争の３つの基本戦略」

①コストリーダーシップ戦略	②差別化戦略	③集中戦略
事業を低コストで運営し、競争環境が厳しい状況でも利益が出る体質にして競争を勝ち抜く戦略	競合する製品・サービスと、内容、価格などで異なる「価値」を提供し、直接の競合を避けて戦う戦略	ターゲットとするエリアやユーザー、製品カテゴリーなどをしぼり込み、そこで集中して戦う戦略

※３つの戦略は並び立たないので、いずれかの戦略をベースにする

注力するでしょう。しかし、差別化しようとすればコストは上がりがちで、差別化で価値を発揮できるならあえて狭く小さな市場だけに集中する必要もありません。それぞれの戦略を極めようとすると、それぞれの考え方に齟齬《そご》が出てきます。ですので、基本的にはこの３つの戦略のうち中長期的に見てどこにベースを置くのかを決めておくことになります。

３つのうちどの戦略を基本とするのかは、市場の特性、ユーザーの志向、競合状況などを見て選ぶことになりますが、その会社ごとに得意なやり方があるはずです。自社のこれまでの勝ちパターンや経営資源を踏まえた上で、競争の基本戦略を選択するとよいでしょう。

戦術を組み立てる

戦略が定まったら、それを具体的な施策に落とし込んでいくために「戦術」を考えます。何を考えなければいけないかは、４章でも述べた「５Ｗ２Ｈ」の枠組みが考えやすいと思います。業種業態によって５Ｗ２Ｈにそれぞれ何をあてはめるかは異なるでしょうが、代表的なポイントを左ページの表に整理したので、参考にしてみてください。

ＳＴＰ戦略ごとに、戦術レベルでは表のようなことをそれぞれ検討していくことが必要になります。

アイデアをプランにする　②戦術を組み立てる

「戦術」とは、戦略を施策として実行していくための方法

5W2H	戦略レベル	戦術レベル
Where（どこで）	セグメンテーション（S）	事業エリア、商圏、チャネル
When（いつ）		購買・利用のシーン想定 需要期
Who（誰に・誰と）	ターゲティング（T）	誰を対象にするか 誰と事業を運営するか（協業者）
What（何を）	ポジショニング（P）	製品・サービス
Why（なぜ）		提供価値、提供機能、 差別化ポイント、訴求ポイント
How（どのように）		バリューチェーンの各プロセスでの実施方法
How Much（いくらで）		料金体系、課金方法、価格

オペレーションを考える

戦略・戦術が完璧でも、それを実務上でどのように組み立てるか、というシミュレーションがなくては絵に描いた餅です。長く持続し安定したしくみのためのオペレーションまで考えられているかどうかは、事業の成否を分ける重要な鍵です。

資材調達と人材獲得から始まり、製造・物流・販売・決済・アフターメンテナンスにいたるまでのバリューチェーンをまずイメージしましょう。そして、プロセスごとの戦略・戦術をどう具現化していくかを考えます。同時に、「それで本当に『不』を解消できるか」も、逐一確認しましょう。

リクルートが既存の海外旅行情報事業（「エ

イビーロード」）から国内旅行情報事業（「じゃらん」）に展開する際は、オペレーション上で大きなイノベーションがありました。

海外旅行情報の広告出稿主の多くは旅行代理店や航空会社、政府観光局だったので、営業拠点は大都市のみでした。しかし国内旅行情報では、広告出稿主が観光地のホテルやペンションなどであったため、観光地近辺でエリア別に契約社員を採用して新しく営業組織をつくりました。つまり、新事業展開のために、営業体制を整えたのです。

ここで培ったオペレーション力は、のちに『ホットペッパー』や『タウンワーク』といった地域情報誌を発刊する時にも活きました。採用から教育、業務管理、トラブル対応などのオペレーション力が、競合他社に対する大きな競争力になりました。

新事業が成功すると、すぐに類似の事業が乱立し、競争が始まります。この時、製品の仕様や価格、販売促進などは後発企業にとっても模倣が容易です。

しかし、事業発案の源となった問題意識や背景は、そう簡単には推察できません。戦略の意図がどう戦術やオペレーションに反映されているのかも、読まれづらいものです。こうした問題意識、そこから生まれたビジョンや事業理念を、細かなオペレーションにまで反映することが、先行企業の隠れた強みになります。

アイデアをプランにする　③オペレーションを設計する

「オペレーション」とは、実務をどのように行っていくかの組み立て

①バリューチェーン（業務の流れ）をイメージする

⇒事業アイデアについての「戦略」「戦術」を実行するために、どのような業務の流れになるかを考える

②バリューチェーンのプロセスごとに「戦略」「戦術」をどのように具現化するかを考える

（例）リクルートの旅行情報事業で、海外（「エイビーロード」）から国内（「じゃらん」）に事業展開する際、「戦術」のうち、「誰に（Who）広告営業を行うか」が大きく変化した（営業対象　海外：旅行代理店や航空会社→国内：国内観光地のホテルやペンション）。

⇒バリューチェーンのうち、「営業・販売」を重視して、営業体制のオペレーションを再整備した

例えばリクルートは、一見地味な「広告の掲載可否審査」という作業にも、その方法や基準に事業理念を強く反映させていました。メーカーで言えば品質管理部門、サービス業ではコンプライアンス部門にも、同じことがあてはまると思います。

また、例えば、営業組織にはさまざまなマネジメントスタイルや目標管理手法、人事査定方法がありますが、それらはその組織の持っている戦略・戦術に合わせて最適に設計されていなくてはいけません。

人は評価のされ方で働き方を変えるものですから、そこまできちんと設計されていないと、新規事業の担当者が想定していたようには動いてはくれません。

担当者が、自分の策定した戦略や戦術に沿って事業が運営されていくように、具体的なオペレーション方法まで踏み込んで設計できれば、できあがる事業企画案はより実効性の高いものとなるでしょう。

6.4 「プラン」の魅力を高めるための3つのポイント

プランに、戦略・戦術・オペレーションをしっかり盛り込んだにもかかわらず、いまひとつピンとこない、というケースはままあるものです。そんな時は、そのプランの実効性と魅力をより高めるための、３つのポイントを意識しましょう。

何が「実現」「儲け」「競争」の肝か

１つめは、**「事業の成否を握る肝は何か」**をフォーカスしておくこと。

「不」の発生理由や、解消されていない背景を深く分析すれば、「ここそが肝だ」と思える点が見えてきます。

「不」を解消する上で何が壁になっているのか、壁を越えるための難しさとは何か。その理由はさまざまです。

技術やオペレーション上の問題なら努力しだいで変えられるでしょう。一方で、市場の変化など、自社ではどうにもならないこともあります。双方を吟味し、「いけそうか」を判断するのは経営者の役割です。ですから起案者は、「○○が××できるかどうかが成否のポイントです」と明示して、その判断を経営者に委ねることが不可欠です。

このポイントを「ＫＦＳ（Key Factor of Success：事業の成功要因）」とも言います。

どこで汗をかくか

２つめは、「肝」の部分にとことん力を注ぎ、「どこで汗をかくべきか」を明確にしたプランにすることです。

いつの世も、楽に儲かる事業はありません。**他社に勝っている事業には、実行する上でどこかに「汗をかいている」ポイントがあるもの**です。

創業当初の楽天は、インターネット黎明期でＥＣ（電子商取引）に取り組む業者が少ない中、全国にある魅力的な店舗を探し出そうと地方まで一社一社足を運び、参画を求めました。手間のかかる、非効率な仕事だったに違いありませんが、「魅力的な店舗の参画が肝である」と定め、そこに汗を流したのです。

私が創業したAll Aboutの場合は、メインコンテンツである専門家のコラムに価値を持たせられるか否かが肝でした。ですから専門家探しや採用、その専門家の知見をうまく引き出すための打ち合わせに、おおいに汗をかきました。

汗をかくべきところで、「よい汗」をかけているかも大切です。

事業の進捗状況を継続的にチェックする際、「ＫＰＩ（Key Performance Indicators＝重要業績評価指標）」という指標が重視されます。多くの場合は「売上」「利益率」「販売数」「シェア」「単価」など、最終業績に近いものに用いられています。

しかし私は、新規事業に関しては、最終業績のはるか手前の段階――成否の肝を的確につかみ、そこでしっかり汗をかけているか、という要素も加えるべきだと考えます。

新規事業は成果が出るまでに時間がかかります。収益計画が予算を下回れば効率化が求められますし、売上が伸びなければ原価や経費を抑えなくてはなりません。

しかしその中で、「汗をかくべきポイント」は手を抜いてはいけません。そこを譲ってしまうと、現時点での収益計画は達成しても将来の成果が得られず、「赤字幅は計画どおりでも将来性は見えない、何年経っても収益が出ない」状態でダラダラ継続されかねません。

汗をかくべきポイントを社内共有し、目先の収益に左右されずに注力しましょう。

自社にとって「何への挑戦なのか」を見極める

新規事業とは言うまでもなく「挑戦」ですが、それが**「何への挑戦なのか」と明確にできている企業は、意外と少ない**ものです。

「未知な領域への取り組み自体が挑戦ではないか」という考えもあるでしょう。しかし、ここはもう一段具体的なイメージが必要です。具体的であるほど、戦略・戦術・オペレーションも意識的に設計できますし、社員の行動指針や評価基準も明確になります。

「技術的に難しかったことを可能にすること」「未開拓エリアに新たに地盤をつくること」「従来対象にしていなかった顧客層にアプローチすること」「新たな用途を提案すること」など、自分たちの挑戦ポイントは何なのか、あらためて考えてみましょう。

例えば、スーパーマーケットなどの小売業がインターネットで食材の宅配を受けつける新規事業を行っていますが、彼らの挑戦ポイントは何でしょうか。

需要があること自体はおそらく読めていたでしょう。それをいかに効率的に運営するか、来店頻度の少ないユーザーの利用をいかに増やせるかがポイントだと考えられます。

挑戦ポイントを明確にすることは、新規事業の担当者にとってだけでなく、事業化後の進捗の報告を受ける経営者にとっても重要です。既存事業は投資対効果が見えやすく管理しやすいのですが、それをそのまま新規事業にもあてはめようとすると失敗します。

ここで必要なのが、「何への挑戦なのか」という認識です。それをもとに、この先どこまで投資をするか、どれだけ投資をすれば「壁」を越えられるのか、冷静な先読みができるでしょう。

COLUMN 6

プランは「ひらがな」で書く

プランを見る評価者は多くの場合、その場で「これは筋がよい」「これは筋が悪い」と、即断即決していきます。本当は詳細に検討したくとも、評価者にはその時間がありません。経営者や投資家は、常にたくさんの審査案件を抱えています。ですからたくさんのプランをザッと見て、「筋のよさ」で判断するのです。

ではここで、「筋がよい」と思ってもらえるプランとはどのようなものでしょうか。

私の場合で言うと、起案者の話を聞いて「短時間でスッと耳に入り、頭に入るか」が大事な評価基準です。よいプランというものは、シンプルに説明ができるものだからです。

書面なら、「ひらがな」の記述が多いプランも筋がよいと感じます。カタカナ言葉や漢字表現が多いと、こちらも読みづらいだけでなく、「起案者自身がプランを自分のものにできていないのでは？」と感じます。本質をしぼり込めていない、納得していない、自信がない……という時ほど、妙に難解なカタカナ語や漢字、熟語でごまかしたくなるものなのです。

起案者は、「シンプルさと平易さ」を意識してプランをまとめましょう。

その案のことをよく知らない周囲の人に試しに聞いてもらい、うまく伝わったかどうかでチェックするのもおすすめです。

第7章

新規事業をつくり出す　その❹

「プラン」から「計画」に
事業企画書をまとめる

7.1 「プラン」を「計画」に落とし込む

事業の「計画」とは何か

目標を達成するための戦略と戦術、オペレーションのポイントをまとめ「プラン」が描けたら、そこに時間軸を組み入れて実行者の役割分担も考えながら、実現のための「計画」を組み立てます。

エクセルでできた「収支計画表」だけが計画ではありません。時期ごとの各種目標数値も大事な指標ですが、あくまで要素の一部です。計画とは、目標を達成するための「段取り」すべてを指します。数値が並ぶとそれ自体が目標に見えてきますが、各種の計画値はあくまで最終目標を達成するための途中経過の指標です。

何をどんな順番で行うか、いつ、どんな経営資源を投入するか、どんな準備をいつまでにするか、という段取りを時間軸で整理したものが「計画」なのです。

計画を組み立てる手順

「事業計画書の書き方」と題した書籍は、世の中に多数あります。それらを手にすると いずれも分厚く重く、見ているだけで途方に暮れてしまいがちです。

しかし、一定の手順を守れば、決して「途方もないこと」ではありません。

まず注意すべきは、最初の段階から最終形の1つである「収支計画表」に数字を置かないこと。**「数字に落とすのは最後」**と心得ていただいた上で、計画の手順を解説します。

①最終目標達成までの成長イメージを描く

まず初めに、頭の中で「目標達成のイメージ」を描きましょう。

例えばゴルフでも、まず頭の中で理想的なフォームや弾道をイメージするでしょう。同じくここでも「弾道」、つまり事業の成長曲線をイメージしてみてください。

直線的にジワジワ上昇するのか、ある点を越えた時から海老反り的に急拡大するのか、階段を駆け上がるようにグイッグイッと大きくなっていくのか……。

加えて、その曲線になる「理由」も想定しましょう。「海老反り型」ならば何が起点になって急成長するのか。階段型なら、何が変わるから次の段にのぼれるのか。

事業を成長させるために不可欠な要素を、事業の特性をしっかり理解した上で考えることが重要です。そうすれば、イメージは単なる希望ではなく、必然性のあるシナリオとなり、最終目標の達成に向けた「ストーリー」ができあがります。

②ステージごとの状況を想像する

事業の成長曲線は「立ち上げ期」「拡大期」「安定期」など、いくつかのステージに分けることができます。各ステージの「状況」を具体的にイメージできると、成長シナリオにリアリティーが出ます。

ここでいう「状況」の要素は、収支計画表に記される「売上」や「人員構成」だけではありません。原材料の調達方法、製造ライン、人材採用の方法、販売チャネル、物流方法、顧客数、顧客の顔ぶれ、購買シーン、利用シーン……など、多岐にわたります。

それぞれのステージで事業がどんな状況にあるかを、ひとつひとつ想像してみましょう。

③ステージを進化させていく方法を考える

次に、ステージを進化させるために必要な方策を考えます。ステージは時間経過とともに自然と変わる、などということはありません。自ら働きかけていくことが不可欠です。

事業計画の組み立て手順

①最終目標達成までの成長イメージを描く

事業の「成長曲線」をイメージする。加えて、そのように成長する「理由」と、成長させるために「不可欠な要素」を抽出する。

↓

②ステージごとの状況を想像する

事業の各ステージの「状況」をイメージする。
「売上」「人員構成」以外にも「販売チャネル」「顧客数」など各ステージがどんな状況になっているかを想像する。

↓

③ステージを進化させていく方法を考える

事業を成長させていくための、各ステージの「注力点」を挙げる。
「製品ラインアップ拡大」「単価アップ」「広告投入」など、各ステージで行うべき具体的施策を考える。

↓

④必要な経営資源を想定する

事業を成長軌道に乗せ、持続的に次のステージへと上げていくのに必要な経営資源（ヒト・モノ・カネ）の投入量・投入タイミングを設計する。

↓

⑤数字に落としてまとめる

①〜④で考えてきたことを「数値」に落とし込む。「売上計画」、「生産計画」、「人員計画」、それら全体をまとめた「収支計画」、「資金計画」など、数値表を複数作成。

それは技術開発なのか、量産によるコスト圧縮なのか、製品のラインアップ拡大なのか、単価アップなのか、販路開拓なのか、広告宣伝なのか、エリア拡大なのか……。

事業によってその方法は異なりますが、何か具体的な注力点を考えましょう。

④ 必要な経営資源を想定する

次は、そのためにどんな経営資源の投入が必要かを考えます。

ヒト（人数、スキル）、カネ（原価、経費）、モノ（製造ライン、物流ライン、技術など）をどれだけ投資すれば、事業を次のステージに上げることができ、状況を変えていけるのかを想定します。

⑤ 数字に落としてまとめる

ここまで考えてきた一連のことを最後に数字に落とします。

数値表は複数必要となります。売上計画（販売・受注）、生産計画、人員計画、それら全体をまとめた収支計画、そして実行のために必要な資金計画という順序で作成します。

ただし、数値表は最後にできあがる計画のまとめにすぎず、事業計画そのものではないことを認識しておきましょう。

こうしてひととおりのプロセスを経て数字に落とし込んだら、経営者から期待されている数字や自分の実感値と比べてみましょう。そしてギャップがあれば、１つ前のプロセス、必要なら最初のシナリオにまで戻り、しっくり来るまでやり直します。

くれぐれも、最後の数字だけ帳尻合わせをして変更したりしないこと。最後の数値表は、それまでの思考のプロセスを数字に置き換えたものですから、そこだけに変更を加えるとあとで大きな矛盾が起こってしまいます。

計画を組み立てる時の「コツ」

①売上計画を仮置きし、修正を繰り返す

売上計画、生産計画、人員計画、資金計画。それぞれの数字は密接にからみ合うので、全体をにらみながら組み立てますが、最初は「売上計画（販売計画・受注計画）」を軸にして仮置きし、組み立てていくのがよいでしょう。

誰かに買っていただかないと事業は成り立たないので、どの時期にどれだけの数量を販売もしくは受注して売上を立てていくのかが、一番重要なベースになります。

その上で、その売上を支える生産、チャネル、人員、資金を順を追って組み立てます。

②売上想定数値は「逆算型」で置く

想定数値の最初の置き方には、積み上げ型と逆算型があります。

このうち、私がおすすめするのは逆算型です。

そもそも新規事業とは、それまでの常識では収益化が困難とされたからこそ事業化されてこなかったものです。だとすれば、常識的に考えて数字を積み上げても、なかなか「魅力的」な計画にはなりません。

ですから多少「無理目」でも、まずは仮置きで将来的な目標数字を置きましょう。

そしてそこから逆算し、どんな製品やチャネルで売上を構成する必要があるか、そのためにはどんな拠点や設備、人員が必要か、と考えていきます。

最初の仮置きは、「プラン」のところで掲げた「ビジョン」に照らして「○○でNo.1になるには、売上で言うといくらくらいか」「全社利益の○%を担おうとすれば、売上で○億は必要」といった要領で置きましょう。

始めは「希望的な数値」でもかまいません。仮置きした数字をどのようにして達成するか、さまざまなシミュレーションをする過程で、戦略アイデア、施策アイデアが出てきます。

なお、最初に仮置きした数値はシミュレーションを重ね、柔軟に修正しましょう。

③収支計画は「費目」にこだわる

初期の収支計画におけるコスト試算では、**数字の正確さよりも費目の網羅性を重視**しましょう。コストの数値を正確に予測することは困難ですが、何をつくり、どこで売り、いつ誰が何を担当するかが見えていれば、費目は出せるはずです。

例えば営業には、社員が直接販売する方法と、代理店や小売店を通して販売する方法がありますが、もし代理店を通すなら「販売マージン」の費目は必須です。もし営業マンの数が少数で、その費目が収支計画から抜けていたなら、それは事業のオペレーションのイメージが描けていないことになります。

すべての費目を細かく分ける必要はありませんが、何のコストが収支全体の中で大きな影響を持つかは、事業の特性を理解するため、しっかり押さえておくべきです。

費目は、変動費と固定費に分けましょう。どれだけの売上があれば固定費を越えて利益を出せるか（損益分岐点）、何の変動費を押さえられれば利益が出るかがわかります。

費目出しやシミュレーションは、新規事業担当者自らエクセル表を使って数値を動かしてみましょう。どの係数を動かすと最終損益にどれだけの影響が出るか、その作業を繰り返す中で、事業の成否を握る「肝」がより明確に見えてくるでしょう。

④妥当性を検証する

スタートしていない事業の収支を予測するのは困難です。置いた数字が妥当かどうかも、正確にはわかりません。しかし、簡単な検証を行うことは可能です。

売上なら、製品別・チャネル別・エリア別・顧客層別などに分類して見てみます。「さすがに○○だけでこの売上は難しいだろう」「○○でこれだけ売れるなら××でももう少しいけそう」など、見えてくるものがあります。

また、売上を構成するロジック（単価×個数×頻度×客数など）を項目ごとに見ていけば、それが妥当なのか、総額で見るよりもわかりやすくなります。

組み上がった数字が、既存事業の数字と比べてどれくらいチャレンジングかも把握できます。例えば社内の既存事業の収支、利益率や生産効率・販売効率などの数字と比較してみれば、それが現実的な数字かどうか推察ができます。他社製品の売上や販売数量と比較すれば、計画値がどれくらいのレベルを目指すものかも認識できます。

新規事業は「挑戦」ですから、必ず妥当である必要はありません。しかし、既存事業に比べた妥当性の違いやレベル感は、把握しておくことが必要です。

7.2 リスクとどう付き合うか

新規事業のリスクとは

不確実で予想しきれないことによって受ける影響を「リスク」と言います。新規事業にリスクはつきものです。「あって当然」という前提で取り組む必要があります。

新規事業で考えられるリスクには、例えば、次のようなものがあります。

- 市場に関するリスク（市場の将来的な変化を予測しきれないリスク）
- 営業に関するリスク（意図したように売れないリスク）
- 競合に関するリスク（競合の動きが読みきれないリスク）
- ヒトに関するリスク（採用、育成、退職など、計画どおりにいかないリスク）
- モノに関するリスク（仕入れ、生産スピード、品質などが意図どおりにいかないリスク）
- カネに関するリスク（資金調達や金利・為替が想定どおりにいかないリスク）

● 協業者に関するリスク（取引先が意図どおりにならないリスク）
● 社会的責任に関するリスク（社会的責任を負うリスクや撤退しにくくなるリスク）

リスクの大きさを把握する

リスクの大きさは、**不確実性の度合いと、それによる影響度の大きさ**の掛け算で測ることができます。

例えば将来の人口動態の予測などは、正確に当てることはできませんが、そう大きく外すことはないでしょう。一方で成長分野の技術開発がどんなスピードで進んでいくのかを予測するのは難しく、大きく予測を外してしまうかもしれません。また、競合の動きやユーザーの嗜好の変化もコントロールすることができませんし、正確に予測することは不可能です。このように不確実な度合いが大きいほどリスクは大きくなります。

予測を外した時の影響も、内容によって違いがあります。例えば、先進的な技術力で勝負する事業なら、競合他社よりも高い技術力の優位性を維持できるかは大事なポイントでしょうし、輸入原材料を低コストで調達するところにポイントがある事業なら、材料の価格相場や為替変動の影響を大きく受けます。

リスクを小さくするための工夫

リスク低減のため、データ収集やシミュレーションを繰り返すことはもちろん必須です。しかしあるレベルを超えると、それらを行ってもリスクは低減しなくなります。

ですから、可能ならば小規模でテストマーケティングを行うことをおすすめします。

近年、「**リーンスタートアップ**」という言葉がよく聞かれるようになりました。「机上で議論を繰り返すだけでなく、まずは市場に小さくてもいいから出し、反応を探りながら修正を加えよう」という考え方です。変化の激しい市場や、新規性が高く市場の反応が読めないケースでは、とくにこの方法が有効です。

自ら設備や組織を持たず、**アウトソーシング**するという手もあります。方法を変える際に自前のものを捨てる必要がなく、失敗の痛手も小さくなります。うまく外部に提携パートナーを見つけられれば、苦手な部分は知見のあるパートナーに委ね、自社は得意分野に集中することで、成功率を高めることもできます。

一方、「**自前で行うことでリスクを小さくする**」という考え方もあります。

例えば営業の場合、自社の営業マンが直接顧客を訪問し、顧客の評価や声を聞けば迅速に軌道修正できます。代理店や問屋を介していれば、顧客の声を聞ける機会が減り、対応が後手に回り、リスクも増大します。製造やシステム開発にも同じことが言えるでしょう。

リスクとどう付き合うか

リスクは、決してゼロにすることはできません。加えて、リスク低減のための努力にはコストと時間がかかります。事業判断にかかる時間、検討のためのコストなども踏まえ、どこまでリスク軽減に力を入れるか、腹を決めることが必要です。

その基準となるのが「**最大リスク**」です。独立起業であれば、投資が失敗すれば即倒産につながりますが、企業内での新規事業では母体となる会社がその後も存続することが前提です。逆に言えば、新規事業への投資の失敗が、母体を揺るがすほどのダメージになってはならないということです。**「失敗しても、本業で支えきれるレベル」の最大値を把握しましょう。**

あくまで仮定の中で組み立てることになりますが、「楽観シナリオ」と「悲観シナリオ」の双方を用意することをおすすめします。そして資金計画に照らし、最大でどれだけの投資が必要かわかるようにしておきましょう。

そして、それぞれのシナリオの経過に合わせ、段階的にどれだけ追加投資が必要かを判断すれば、リスクを低減できます。

とくに事業の成否を大きく左右する「事業が成立するための先行条件（その事業が事業として成り立つためのそもそもの前提条件）」には注意が必要です。関連する法律が変わったり、為替が変動したり、新たな技術でそれまで不可能だったことが可能になったり、といった環境要因をリストアップしましょう。

そして条件が変わった時にはどう対応するかを事前に決め、先行条件が変わっていないかどうか、逐次チェックできる体制を整えておくべきでしょう。

リスクに対する考え方は、会社の風土の違いや経営者の性格が色濃く出ます。なかなか「べき論」で論じ合っても答えは出ません。担当者は経営者としっかり話し合い、「この新規事業の会社にとっての重要度」と「何への挑戦であるのか」という2点を共通認識としてリスクへの考え方をすり合わせておきましょう。

EPISODE

リスクを指摘するのは中間管理職の仕事、判断するのは経営者の仕事

関連各部署の現場リーダー（中間管理職）に新規事業案への意見を聞こうとすると、ポジティブな意見は少なく、リスクの指摘が多くなるものです。

そんな場面で私がよく経験したのは、指摘が「増殖する」現象です。

「○○する危険がある」と誰かが言うと、別の人も「ほかにもこんな可能性が」と言い、さらに別の人が「さらにはこんな危険も」と言う。そうしてどんどん「リスクのリスト」が増えていくのです。

まるで指摘の数を競っているようだ、と内心感じました。実際、リスクを多く指摘できたほうが視野の広い優秀な人材だと認めてもらえる、という価値観が企業内にはあるかのような様子でした。

ただ、中間管理職がリスクを気にするのは「無理もない話」かもしれません。ポジティブな意見を述べて、結果がうまくいかなければ、彼らが責任を問われてしまうからです。

リスクの指摘であれば、その心配はありません。もし杞憂《きゆう》に終わっても「よかったですね」で済みますし、本当にそうなってしまったら「だから言ったでしょう？」と責任回避の口実ができるわけです。

しかし推進する側としては、検討の初期段階にリスクの洗い出しと対策だけに追われてしまうと、前に進めなくなってしまいます。私もこの状態に何度も陥り、辟易しました。

そこで私が打った対策は、「リスクを挙げるフェーズ」と「判断をするフェーズ」を分けるよう心がけることでした。

中間管理職には最終責任はとれません。事業化するか否かの判断は経営者の役割です。ですから、中間管理職には「判断」してもらう必要はないのです。そう考えて、私はリスクの指摘を受け、その情報を整理してから、経営者に提示して中間判断を仰ぎました。

ここで経営者が「進める」と判断してもらえればしめたもの。中間管理職の対応も、それで大きく変わります。「事業化する前提」であれば、彼らもリスクの指摘にとどまらず、どんな対策を講じておくか知恵をしぼることにパワーを注ぐようになります。なにしろ今度は「よい対策を講じられなければ責任問題」なのですから……。

この状態になると、中間管理職は「リスクばかりあげつらう人」から「仲間」に変わります。事業案をどう実現するかをともに考える運命共同体として、足並みをそろえていけるのです。

7.3 事業企画書にまとめる

事業企画書に盛り込むべき要素

これまで検討してきたことを、いよいよ事業企画書にまとめます。

盛り込むべき要素は、大きく分けて3つ。**「事業案の内容」と「判断するための材料」と「経営判断してもらいたいこと」**です。

よく「事業案」と「判断するための材料」が混在しているケースがありますが、ここはきちんと分けたほうが何を起案しているのかが明確になります。

事業企画書の目的は、経営判断や社内外に協力を依頼することにあります。最後の部分には「判断・協力してもらいたいこと」を、必ず明記しましょう。

左ページに事業企画書の構成案を示しました。盛り込むべき要素をひとつひとつお話しします。

新規事業の事業企画書―盛り込むべき要素

1．事業案の内容

①何をするのか（What)
- できるだけシンプルに
- 「○○領域で××を対象にした△△業を行う」と言い表せれば、ドメインとビジネスモデルが明確に伝わる

②どうやるのか（How)
- 戦略（STP、競争戦略、事業の肝）
- 戦術（５Ｗ２Ｈ）
- オペレーション（どこで汗をかくか）

③期待する成果（ビジョン、目標)
- ビジョン（世の中に対してどんな価値を提供できるか）
- マーケティング目標（どれだけ売るか）
- 財務目標（結果的にどれだけ収益を得るか）

④必要な投資
・ヒト（必要な人員、社内協力など）
・モノ（必要な技術、製造ライン、販路など）
・カネ（初期投資、累積投資など）
・その他（ブランドの利用など）

2．判断するための材料

①事業の意義
- 事業案に投資をする動機づけを経営者に示す

・社会目線（「不」の解消）
・顧客目線（価値提供）
・自社目線（収益獲得や市場開拓など）

②起案の背景
- この事業に取り組むべき理由について、３Ｃ（市場・競合・自社）に分けて記述する

・「市場」…「不」の存在、「不」の存在理由・背景、新規事業によって「不」が解消されること
・「競合」…競合製品や代替品、既存のしくみでは「不」を解消できておらず、この新規事業には優位性があること
・「自社」…自社の継続的な成長には新たな挑戦が必要であること、自社の経営資源を活用すれば成功できる可能性があること

3．経営判断してもらいたいこと（協力してほしいこと）

①**事業化の是非**
②**経営資源の投資の是非**（ヒト、モノ、カネ）
③**事業化着手の是非**（開発、社外提携交渉、社内外広報など）
④**事業化に向けた体制**（責任者、組織、人員体制など）
⑤**今後の進め方**（スケジュール、経営判断するボードメンバー、社内協力体制）

①事業案の内容

事業企画書の中では、6章で述べた「戦略」「戦術」「オペレーション」をくわしく書きますが、まずはじめに、「何をする事業なのか」を5W2Hで示す「概要」が必要です。説明に時間を割けない場合でも、それを1枚にまとめておけば事業案の全体像を把握してもらうことができます。

表現はできるだけシンプルに。「○○領域で××を対象にした△△業を行う」と、短くわかりやすく説明しましょう。「□□屋さん」とまで言えれば、このひと言でドメインとターゲットとビジネスモデル（誰に何をして何への対価をもらうか）を同時に言い表すことができます。

「期待する成果」についてもここで述べます。

- 世の中に対してどんな価値を提供できるか（ビジョン）
- どれだけ売るか（マーケティング目標）
- 結果的にどれだけ収益を得るか（財務目標）

の3つを掲げておくとよいでしょう。

②判断するための材料

事業案の是非を経営者に判断してもらうための材料となる情報です。

まずは「意義」。この事業案に投資をする動機づけです。意義は「『不』の解消」という社会的な目線のもの、「顧客への価値提供」という顧客目線のもの、「収益獲得」や「新市場開拓」「経営資源の有効活用」など自社目線のものの3つがあります。

「起案の背景」では、3C（市場、競合、自社）に分けてこの事業に取り組むべき理由について述べるのがよいでしょう。

「市場」の項では、どんな「不」があるか、「不」が生じている理由や背景、この事業で「不」が解消できそうなことを述べます。

「競合」の項では、競合製品や代替品、既存のしくみでは「不」を解消することができておらず、この新規事業には優位性があることを述べます。

「自社」の項では、会社を成長させていくためには新たな挑戦が必要なこと、自社の経営資源を活用すれば成功できる可能性があることを自社分析によって述べましょう。

③経営判断してもらいたいこと

「経営判断してもらいたいこと」は、案件とその検討フェーズにより異なりますが、例えば209ページの図中に示したような項目です。よくありがちな失敗は、事業企画書は分厚いのに、最終的に何を決裁してもらいたいかが不明瞭になっているケース。「事業化の承認」といった漠然とした表現ではなく、具体的に詳細に記述しましょう。

経営者が「判断しやすい」構成とは

これらをまとめて事業企画書に仕上げる際、忘れてはならないポイントがあります。それは**「起案者の立場」ではなく「判断する側の立場」で構成を考える**、ということです。一般的な事業企画書の記述順は、次のような流れです。

1. 市場の状況
2. わが社の課題
3. 企画趣旨
4. 企画概要
5. 事業計画
6. 決裁依頼事項

経営者が判断しやすい事業企画書の記述順

1. 何をするのか
(ア)事業概要

2. なぜやるのか
(ア)企画趣旨・背景（「不」の存在）
(イ)期待できる成果（世の中にとって、顧客にとって、会社にとって）

3. 儲かりそうか
(ア)市場の大きさ、「不」の発生理由・背景・解消方法
(イ)誰から何への対価を得るか

4. 勝てそうか
(ア)自社の強みと競争優位のポイント
(イ)戦略
(ウ)戦術
(エ)オペレーション

5. できそうか
(ア)必要な投資
(イ)実行計画
(ウ)リスク分析

「起案者目線」で書いた場合、「1. 市場の状況」や「2. わが社の課題」は市場規模、成長率、各社のマーケットシェア、技術動向などボリュームが多くなりがちです。それは、起案者がそれまでに調べ上げたことを、そのまま大量のグラフや資料にして入れているからです。同じく、「5. 事業計画」にも、詳細な数値表が添付されるでしょう。

しかし、これは読み手の立場を考えた構成と言えるでしょうか。

事業企画書のおもな読み手は、その会社の経営者です。経営者が「判断しやすい」事業企画書の記述順を上に示しました。

まず経営者が知りたいことは、市場の概況ではなく、「その市場で何をするか」です。

したがって、まず冒頭にそれを簡潔に書きま

しょう。

そして次に必要なのは、「なぜその事業を行うべきなのか」という動機づけです。

加えて、投資やリスクを伴ってまで乗り出すべき「魅力」についてもここで述べましょう。成功した時の展望（「不」の解消で誰がどれくらいよろこぶか）が見えれば、「取り組みがいのありそうな事業だ」と経営者へのアピールになります。

その次に知りたくなるのは、「儲かりそうか」ということです。それを説明するために、市場の大きさ（「不」の大きさ）や「不」が生じている理由、どうやってその「不」を解消しようとしているのか、誰から何への対価を得ようとしているのかを説明します。

続いて経営者の頭をよぎるのは、「そんなに美味しそうな話であれば、他社もこれから参入してくる。競合には勝てるだろうか？」ということです。そこで初めて自社の経営資源や強みの分析をベースに、どうやって競争力を持つかについて説きます。

ここまで来ると、最後は「実際にやれるのか」です。実行していくために必要な投資や技術、運用体制など実行方法や実行計画を示します。そして「やって大丈夫なのか」という不安に対して、リスク分析を添えて完成です。

事業企画書の構成は想像力の勝負

経営者は、普段から将来的な事業展開について考えているものです。

ですから事業企画書を構成する時は、「経営者はすでに何を知っているか、現状ではどんな認識でいるか、何を知りたいか、何をもって判断をするか」を想像しなくてはなりません。

新規事業の場合、ある程度相場観のある市場での起業を検討するか、もしくは未知の市場でも、かねてから注目していた領域を検討するケースがほとんどです。

とすれば、その市場に対してはすでにある程度の予備知識があるはずです。起案者は、「いまさら教えてもらうまでもない」ことを長々と書かないよう注意しましょう。

ここで**経営者が知りたいのは、その市場のどこに商機があるか——つまり、市場参入の「切り口」**です。

その切り口こそが、再三この本の中で述べてきた「不」です。

その市場において、誰がどんな「不」を抱えていて、その「不」がどれくらい大きくて、なぜそのような「不」が生じているのか、どうすれば解消できそうなのか。

経営者は、市場規模や概況などのマクロ的情報を知る機会は持っていますが、「誰がどんな『不』を抱えているか」といったミクロな情報をリアルに感じ取る機会はありません。その点こそが、起案者に期待されていることなのです。

経営者は実は「決めたくない」と思っている

新規事業の検討は経営者の指示から始まるケースがほとんどですが、実は経営者の多くは心の中で、「できることなら決めたくない」と思っています。経営において何かを決めるということは、何かを捨てることであり、勇気のいることです。できれば判断は先延ばしにしたい、と思うのが人情です。

起案者はそうした心理を踏まえた上で、経営者から判断を引き出し、事業化を推し進めなければいけません。それをスムーズに進めるためには、起案者は事業が成功した時の魅力を語り、成功するための具体的なアイデアを示し、事業化を判断する上でどこがポイントになるのかを明瞭に提示する役割が求められます。

時には「ここで判断せずに先延ばしすると起こるデメリット」を示したり、「部分的・段階的な判断という選択肢を用意」したりするという手もあります。

そしてなにより、経営者より熱い情熱を持つことです。経営者が大きな判断を前にして躊躇している時こそ、勇気を鼓舞し、背中を押せる存在にならなくてはなりません。

起案者はしばしば、「事業企画書の作成」を最終目的に置いてしまうことがあります。しかし真の目的は、その事業企画書をもとに、経営者に判断を下してもらい、事業化を前に進めることにあるのです。それを忘れず、経営者の心理や価値観を想像しつつ、「相手を判断に導く」コミュニケーションを心がけましょう。

COLUMN

7

金融機関向けの事業企画書とは何が違うか

「事業計画書の書き方」と題する書籍を見ると、「どうもピンとこない」と、つねづね感じます。その理由は、どうやら想定する読み手の違いにあるようです。

世に言う「事業計画書」の多くは、金融機関に見せるために書かれます。読み手である金融機関の目線は「融資したお金をちゃんと返してもらえそうか」ということです。従って、起案者側の中心メッセージは「大丈夫、きちんと返せます」ということになります。

一方、経営者に向けて書く事業企画書の中心メッセージは、「リスクはありますが、やってみましょう」ということです。両者に盛り込む内容やトーンは、大きく異なるのです。

マーケティング戦略で最も大切なのは、ターゲットユーザーの気持ちへの想像力です。市場動向の推測、オペレーションやリスクの想定にも、想像力が必要です。

そして事業案を事業企画書にまとめる際も、読み手への想像力が不可欠。読み手の中にある現状の課題意識、市場への認識、仮説、投資への意気込み――それらをいかに想像し、それに応じた仕立て方ができるかどうかが、勝負を決めるのです。

第8章

事業企画書を社内でいかに通すか

8.1

承認会議までにやっておきたい「根回し」と「味方づくり」

事業化への最大の関門が「社内承認」です。新規事業を経験した人はしばしば「敵は市場よりも前に社内にいる」と語りますが、実際ここはかなりの難関です。

事業化の承認は、一般的に社内の役員会議で行われます。しかしこの**最終段階で、関係者にいきなりゼロから情報を伝えるのは禁物**です。

事業内容を検討する作業と並行して、しかるべき人に少しずつ「根回し」をしておきましょう。小出しに考えを伝え、いわゆる「ジャブ打ち」で距離を測り、イメージをすり合わせながら案を磨いていくことが有効です。

そして最終的に、「関係者の皆さんと相談しながら検討してきました」という形で起案の場に持ち込めるのが、最善の状態です。

社内キーマンの後ろ盾をつくる

まず、過去に社内で行われた事業化承認までのプロセスを確認し、自分の案件では誰が社内のキーマンになるかを把握し、その人物へのアプローチから始めましょう。事前に話をしておくことで、その案件への各キーマンの問題意識や関心ポイントがわかります。それがわかっていれば、ずいぶんと準備がしやすくなるはずです。

事前に話をする過程で、関係者を案件推進の支援者として巻き込むこともできます。

そのためには、**「自分の考えた案を聞いてもらい説得する」のではなく「相談を持ちかける」スタンスで臨むのが有効**です。よい案をいっしょに考えてもらう、という形をつくることによって、キーマンたちと「一蓮托生」の関係づくりができます。

新規事業への投資は成功の保証がありませんから、合理的に価値を明示することは困難です。そのため、「安心度の高い既存事業に投資しよう」という方向へ、組織の判断は流れがちです。そのハンデを越えるのが、**「誰がその案件を後押ししているか」**というポイントです。社内の有力者を取り込み、「彼が言うなら」と周囲が思えればこちらのもの。たしかな後ろ盾をつくり、不確実な起案を通すための推進力としましょう。

社内外に協力者をつくる

経営者が事業化の判断を下す際、最後に最も気にするのは「本当にやれそうか」ということです。経営者はそこを確かめるために、社内の関連部署や有力な取引先の評価に注目します。

そこで起案者は、前もって関連部署や取引先に十分な説明を行い、仲間になってもらえるよう働きかけておかなければいけません。

この場面でも、「依頼」や「説得」ではなく、相手の立場に立って、いっしょに案を練り上げていく姿勢が求められます。関連部署や取引先にとってこの事業案が持つ意味、もたらす影響などをともに考え、どの部署にとっても納得度の高いものにしておけば、事業化後もスムーズに運営を進めることができます。

具体的なアウトプットや手応えを見せる

新規事業は将来の成果が見えにくい分、不安も大きいもの。起案者でさえ不安なのですから、周囲の人はなおさらです。

その不安を軽減し、「行けそうだ」と感じてもらい、支援・協力をとりつけるには、小さてもかまわないので、具体的なアウトプットや手応えを見せるのが一番です。

試作品やデモ画面などを制作してリアリティーを高めるもよし、購買意欲を持ったターゲットユーザーの声を集めるもよし。

私が経験した中では、いまだ事業化承認もされていないのに、クライアントの企業から「仮」の発注書をもらってきたつわものもいました。その「仮」発注書を社内で見せ、「事業化すれば間違いなくこの会社は発注してくれる」と言って、社内を説得したのです。

このように、「不安」に対する具体的アウトプットの有効性はきわめて高いものです。

机上で企画を練っているだけでは、具体的な成果は生まれません。市場、または生産や営業の現場に出て、将来的な成果を期待させる何かを持ってこられるように努めましょう。

とくに、お客様になる人の声は重要です。**経営者が普段目にすることのない市場や現場の生の声を伝えることは、一番の説得材料になる**はずです。

「錦の御旗」を掲げる

組織とは、そもそも変化を嫌うものです。現組織は長い時間をかけて、既存事業に対してベストな形に最適化されています。会社を真剣に思う人ほど、「守り」の思考になるものであり、逆に言えば、そうした人たちの支えがあってこそ、いまの会社が成り立っているのです。

では、その中で、新規事業への協力・承認を獲得するにはどうすればよいでしょうか。そこで必要となるのが、「錦の御旗」です。

どの会社にも、企業理念・会社方針・全社戦略があります。既存事業と新規事業を並び立たせるには、全社視点の理念や方針、戦略の中に合致点を見つけるしかありません。起案する新規事業がいかに企業理念・会社方針・全社戦略に沿ったものであるかをていねいに説明することが、「逆風」を乗り越える唯一の方法と言えます。

そのためにも起案者は、テーマを探す時も、プランを組み立てる時も、どんな「錦の御旗」を掲げるかを考えておかなければいけません。

例えば、期初に経営者が話す訓示や、経営者が各種メディアで語ることに留意しましょう。そこには「錦の御旗」になりうる言葉がたくさんあるはずです。それらの言葉を事業案につなげられるように咀嚼し、それをもとに真摯に周囲に働きかけていきましょう。

EPISODE

起案者は「企て者」であれ

私は就職してまず営業部門に配属され、その後６年めに企画部門に異動しました。

企画部門への異動は望んでいたことでうれしかったのですが、いざ仕事を始めてみると営業マン時代と要領が違い、どう立ち回ってよいものかがわからず、しばらく成果も出せず空回りをしていた時期がありました。

そんな時、企画部門の上司から言われたひと言があります。

それは、「企て者《くわだ》になれ」という言葉でした。

営業マンは客に頭を下げることの多い泥臭い仕事、企画マンの仕事はスマートで賢そう……という表層的なイメージを、ガラリと覆すひと言でした。

「企画職」を「企て者」と言い換えると、ずいぶんと印象が違いますね。

それまでの私は、「かっこよく正しい企画を立案しなければ」などという、変な気負いにとらわれていました。その直前にビジネススクールで学んでいたという状況も、せっかく得た知識を活かさなくては、という気持ちにつながっていたのかもしれません。

しかし「企て者」と言われた時に浮かんだのは、時代劇で悪代官と悪徳商人が密談するシーンのような、革命家がアジトの中で時の政権を転覆させようとたくらんでいるシーンのような、そんなイメージでした。

「企て者」は自分が何かを達成するためにはどうしたらよいか思いを巡らせ、そのためになすべきことを考え、それをひとつずつ実行する人を意味します。企て者はそのための設計図をつくる——つまり、「企て」を「画《えが》く」のです。

その後、新規事業を社内で通す場面でも、私は理屈をいったん横に置き、目の前の現実を直視しつつ起案を通す方法を「企て」ることを心がけるようになりました。

キーマンと親しい人に口添えを頼んだり、キーマンが気にしている競合の動きを伝えたり、社外の支援者を社内の人に会わせたり……。キーマンの秘書にスケジュールを聞き、昼時1人で訪れるのを知っていたお店で待ち伏せしたこともあります。

スマートさとはほど遠い、こうしたひと工夫が勝負を分けます。社内で認められ、事業を世に出すための「企て」や「企《たくら》み」を、おおいに駆使しましょう。

8.2 事業化承認の際に握っておくべきこと

「事業化承認」以外にオーソライズしておくべきこと

社内での事業化承認は、起業における最初のハードルです。

しかし、そのハードルを越えたあとには、さらに大きな苦労があります。

事業化を承認する時は、経営者も期待を大きく抱きポジティブな気持ちでいますが、その後は厳しく進捗を評価してくるでしょう。場合によっては、途中でハシゴを外されることもなきにしもあらず——。

そんな事態を防ぐためのポイントを、ここでお話ししましょう。

事業化承認の時点で、次に挙げるいくつかのポイントをオーソライズしておくと、その後の実際の事業立ち上げがスムーズに進みます。

①何のために、何に挑戦するのか

事業化が正式に承認されても、目指す状態が「売上・利益」以外に明確に社内でオーソライズされていない、ということは案外よく起きるものです。

事業は最終的に収益を生むことが大事ですが、それだけが重要視されてはいけません。目指すゴールは売上数字だけではないからです。

その新規事業のねらいはどこにあるのか――新チャネルの開拓か、新技術・ノウハウの獲得か、新たなユーザー接点の構築か、ブランドの価値向上か。このフェーズでもあらためてそれらを明確にし、オーソライズしておきましょう。

立ち上げ後、事業が壁にぶつかった時、このポイントが問われます。

軌道修正が必要となった時、「どの点は変更してよいか、どの点は変えてはいけないか」の基準となるものの1つが、この「収益以外のねらい」です。

近年、スタートアップ企業の経営では「状況に合わせて柔軟に路線変更・方針転換すること」が大事と言われます。ですが、やはり軸足がぶれてはいけません。

事業における軸足とは、事業化の動機や取り組む意義です。なぜあえてリスクを冒し、挑戦をするのか。とくに社内起業の場合は「儲ければなんでもよい」ということはまずないので、事業化の意義を再度確認することが重要になります。

②どんな指標で事業の進捗を管理するか（ＫＰＩ）

事業が立ち上がったあとは、運営と同時進行で軌道修正ができるよう、随時事業の状態をチェックして、それを次の経営判断に反映できるしくみを整えておくことが重要です。

その際は、どのような事項を定期的にチェックすべきでしょうか。ここで役立つのが、187ページでも紹介した「ＫＰＩ」です。

おもなＫＰＩは売上や利益などの最終結果ですが、ほかにも事業の特性やマーケットの状況によって、シェア、単価、リピート率、稼働率、市場成長率などがよく挙げられます。競争が激しく拡大基調の市場であれば、シェアは重要な指標になりますし、顧客の支持が重要な事業であればリピート率、運営の効率が大事な事業であれば、稼働率や回転率が重要な指標になるでしょう。

何をＫＰＩにするかをあらかじめ定めた上で、運用していくようにしましょう。

③その後の経営判断の時期と方法

たった一度の役員会議で、すべてが決まることは稀です。たいていは何度かの段階的な決裁を経て事業化が承認されますし、事業化後も軌道に乗っていくまでは、短いスパンで経営判断をする場を持ち、事業の進捗を見ることになるでしょう。

新たな製品やサービスを追加する、生産設備を増強する、販路を拡大する、単価や料金体系を見直す、人を大勢採用する……など、追加で投資をする重要な経営判断については、あらかじめおおよそのスケジュールを組み立てておくとよいでしょう。

それぞれのタイミングで、どんなメンバーで、どんな内容を審議し、何について経営判断をするか。それらを事前におおまかに決めておくのです。

経営者にとっても、先の見えない新規事業に対して一度にすべてを決めるのではなく、段階を追って進捗を確認しながら進めるほうが判断も容易です。限定的な判断ならば、大胆な裁断も下しやすくなるでしょう。

④撤退基準は事前に決めておく

事業が計画どおりに進まないにもかかわらず、撤退の潮時を見失ってダラダラ続けてしまう、ということも往々にして起きます。

これを避けるためには、**あらかじめ撤退基準を定め、厳格に運用することが大事です。**

残念なことですが、新規事業はうまくいかないことのほうが多いものです。だからこそ、うまくいかなかった時のことを想定しておくことが重要です。

一度生み出した事業には担当者も経営者も思い入れがあるので、なかなかあきらめがつきません。しかしビジネスである以上、冷徹な経営判断も必要と心得ましょう。

とくに気をつけるべきなのが、「現社長が立ち上げた事業だから、在任中に撤退を議論するのはタブー」といったケースです。ビジネスとして考えるならば非常に非合理的であるにもかかわらず、意外に強い束縛になりがちな、「タチの悪い」継続です。こういったことが起きないようにするためにも、事前に撤退基準を決めておくことが必須です。

もう1つ、撤退基準を事前に決めておくべき理由には、そのほうが立ち上げの判断をしやすくなるから、ということがあります。一度立ち上げてしまったら、思いどおりに進まなくてもずっと継続しなければならない、と考えると立ち上げを躊躇してしまいます。社外の取引先を巻き込み、顧客へのアフターフォローの責任も生じたりして、簡単には撤退しづらい事業もあります。そんな事業ではとくに「撤退という選択肢もとれるか」は、立ち上げ是非の大事な判断材料の1つになります。あらかじめ撤退基準が明示されていれば、経営者にとっても判断がしやすくなるのです。

矛盾するようですが、一方で、撤退基準の運用には柔軟性も必要です。なぜなら、事業化後には圧倒的に経営判断の情報量が増えるため、より正しい判断ができるようになるからです。

あらかじめ設定していた撤退基準が妥当であったかは、あとになってからのほうが明確にわかります。言葉は悪いですが「わからないながらもとりあえず設定した撤退基準」に執着して、その後に広がる事業機会を逃すのはもったいない、と私は考えます。

ただしその時には、それまでに行っていた過去の投資とはいったん切り離し、その時点で見える将来性を厳しい目で分析し、撤退基準を見直すべきか否かを判断しなければいけません。

判断する上で大事なのは、そもそもの事業の立ち上げの趣旨・ねらい、そして前提条件です。どういう背景や論拠があった上で撤退基準を決めたかを明示しておいて、その何が想定外であったから撤退基準の運用を変えるのかを十分に議論することです。

それが、撤退基準の厳格性と柔軟性を両立する基準となるでしょう。

8.3 「社内の人の気持ち」をいかに動かすか

孤軍奮闘になってはいけない

どんな企業にあっても、新規事業の担当者は全社の中でマイノリティ（少数派）です。なかなか成果が出なければ社内からの風当たりが強くなります。検討を進めるほど自社の現状に課題を感じ、使命感を持って苦しみながら業務に取り組むわけですが、周囲の理解や協力を得られなかったりすると、つい孤立感を抱くようになります。しかし、新規事業担当者は孤軍奮闘になってはいけません。いかに周囲を巻き込んでいけるかが大事です。

経営者と目線を合わせるために

多くの場合、新規事業を検討せよという仕事の依頼主は経営者です。担当者は経営者の命を受け、経営者の期待に応えるべく業務にあたります。

しかし時には、経営者に自分が期待するような支援をしてもらえないこともあります。それが続くと、経営者との間の信頼関係が弱まることもしばしばです。そんな時には、**自分と経営者の間に、見ている視点の幅と時間軸にずれがないか**を確認してみてください。

新規事業の担当者は当然、お客様の目線で事業を考えることが不可欠です。しかし優秀な経営者であればあるほど、それ以外にも他事業への影響、従業員、取引先、株主、地域住民、監督官庁など、幅広いステイクホルダー（利害関係者）の視点を持ち、かつ遠い将来まで見越して判断をするものです。そこを踏まえて、視点の幅と時間軸についての目線をそろえれば、経営者の判断に対する納得度も増すでしょう。

加えて、尊重すべきは経営者の意思です。新規事業は合理性だけで方向を決められるものではありません。先はわからないからこそ、そこには経営者の意思が必要です。時には、好みが影響することもあります。例えば、高付加価値で高価格な商材を限定したユーザーに提供するビジネスと、低価格の普及品を大量に提供するビジネスとで好みが分かれたり、オリジナリティーにこだわり模倣を極端に嫌がったりと、意思や好みの違いが出がちです。そこに必ずしも合理的な理由はない場合も多いので、逆に経営者の意思や好みを尊重したほうがよいでしょう。

既存事業の責任者と目線を合わせるために

事業化の承認には、既存事業の現場責任者も関与することが多いでしょう。既存事業の責任者が、事業化後に既存事業から異動したり兼務したりして新規事業の責任者になることもあります。あるいは、あなたの立ち上げる新規事業と社内で「横並び」の存在になります。いずれの場合も、新規事業と「無縁」な存在ではありえません。

前者の場合には自分が事業責任を負うことになるのですから「実際にやれそうか」「目標値は妥当か」が最大の関心です。当事者としてこれならやれそうだと思ってもらえるよう、起案者から事前に十分な説明が必要です。

後者の場合には、自分が担当する既存事業へのシナジー効果、逆にカニバリゼーションなどのマイナス影響を意識するでしょう。社内の経営資源を分け合うことになるので、社内競合と見なされることもあります。起案者としては、シナジー効果をアピールしつつ、全社目線での新規事業の意義（「錦の御旗」）を掲げ、協力を得るために働きかけることが大事です。

既存事業の現場責任者は、起案を通す上で最大の障壁となりがちです。相手を納得させる説明に加え、友好な人間関係の構築にも十分な配慮が必要です。

協働するメンバーを引っ張る

当初は1人で検討をスタートしたとしても、多くの場合は最終的な起案段階までにチームを編成したり、社内外に協力者ができたりするものです。ここで大事なのは、リーダーとしての自覚を持ち、ともに働く人々の心情に配慮することです。

検討を牽引する担当者自身も、「この事業案で通るだろうか」「リスクを冒して推進すべきなのか」と不安を感じますが、その時周囲は担当者以上に不安を感じています。そんな時は、リーダーとして強い気持ちで周りを引っ張っていかなくてはいけません。

時には**「自分を信じてついてきてくれ」と言い切る強さが必要**です。

新規事業担当者に求められる姿勢

独立起業家は、あらゆる手段を使って資金を集め、仕入れルートを確保し、人を採用し、販売委託先を開拓します。同じく社内起業する新規事業担当者も、さまざまな手段で資源を内外から調達しなければいけません。そのために必要なのは、知識やスキルや発想力だけではありません。

魅力的な事業アイデアを考え、優れたプランに仕立て、精緻な計画に組み立てることは、あくまで仕事の一部です。「よい企画」だけが事業立ち上げの決め手ではないのです。

ポイントは、企画をつくる「前」と「後」にもあります。

検討開始前の動き方（第3章参照）しだいで、いかに的を射た検討ができるかが決まります。

そして完成後の事業企画案の「通し方」しだいで、事業化にいたるか否かが決まります。**事業企画案は「承認」がゴールなのではなく、その事業が世に出て価値を発揮し、持続的に収益を生み出すことが最終目的**です。単に承認を得るだけでなく、どういう立ち上げ方をすれば事業化後に成長させていけるかまでを考えて、準備しなければいけません。

会社によって、あるいは事業案の内容によって、「適切な行動」は千差万別です。これらはMBAなどで汎用的に教えられるものではありません。自社のことがわかっていなければ、適切なテーマ設定も社内で通せる事業企画書の仕立て方もわかりません。社内事情にうとかったり、社内で信用されていなければ、支持と協力を得ることも経営資源の獲得も難しくなります。

新規事業の取り組みは、知識やスキルだけでなく、自身がビジネスマンとして積み上げてきた、総合的な人間力を試す場であるとも言えるでしょう。

ぜひその力のすべてを、この大きな挑戦へと注ぎ込んでください。

COLUMN

8

どこで成果を実感するか

新規事業の立ち上げの仕事がつらい理由の１つは、成果を感じられる瞬間がなかなか訪れないことです。

しかし意外なところに、成果が見えるポイントがあります。それは、社内の人々の態度です。

新規事業は、社内の別部門からなにかと批判されやすいものです。「成果はまだ出ないのか」「その取り組みに意味はあるのか」「金食い虫だ」と言われることが多々あります。

ところがある時から、「あの事業（企画）には、自分もからんでいたんだ」などと言う声がチラホラ聞こえてきます。そして大ヒット事業ともなると、「あの事業を立ち上げたのは私だ！」などと言い出す人が何人も登場します。

これは「アレオレ詐欺」と呼ばれる現象で、成功した新規事業に必ず出てくるものです。功績を横取りされるようで、一番の当事者としての自負があれば気持ちのよいものではないかもしれません。

しかしこれこそが、成果の現れなのです。加えて、賛同者や関与者が増えてきた証拠でもあります。

当事者意識を持つ仲間が増えてこそ、事業は成長するもの。同志と思いを分かち合えるようになった時、あなたは新規事業担当者として本当の大きなよろこびを感じられるでしょう。

最終章

プロ・識者が語る社内起業家の条件

プロ・識者が語る社内起業家の条件

ここでご紹介するのは、実際に「社内起業家」として新規事業を手がけてきた、あるいは、多くの「社内起業家」を見続けてきた、プロ・識者たちのリアルな声です。

私がこれまでご縁をいただいてきた方々からの経験者ならではのコメントです。社内起業の経験者たちは、企業の中から事業を起こすために何を考え、行ってきたのか。

そして、これから「社内起業家」として新規事業に着手する人が、身につけるべきこととは何か――。

「知識」「スキル」「行動」「姿勢・スタンス」「マインド」という5つの角度から見る先達のアドバイスを、ぜひ明日からの仕事に活かしてください。

知識

●本業に関する基礎知識があり、自社の強みをよく理解していること。経営者にはない経験、視点、発想によって、経営者の「範疇外」のものを見つけてきてほしい。

真田哲弥（KLab代表取締役社長）

●「起業」や「開発」の知識は必要ない。自分が追求するテーマ（例えば、介護なら介護）の知識は、むさぼるように収集・吸収しよう。

くらたまなぶ（元リクルート新規事業開発室長）

●事業は「時代の中」に存在する。「いま・このとき」を洞察し、理解してほしい。そして「顧客・競合・自社」の3Cを起点に、「顧客に、どこよりも優位に、持続的に提供できるか」を打ち出す戦略思考を持っていたい。

吉井信隆（インターウォーズ代表取締役社長）

●その商品やサービスを買ってくれそうな顧客の「動機」と、その動機を喚起するための商品・サービスの「価値」を一言で言えること。

古野庸一（リクルート組織行動研究所所長）

●「世の中のあるべき姿」を自分の頭で考えるための基軸。実学としてのリベラルアーツを身につける。

野田稔（明治大学大学院教授）

●歴史は繰り返すので、グローバル経済においては歴史感、文化知識は持っておきたい。

西岡務（日東電工CTO）

●市場の歴史。予算策定プロセス。社内のキーマン。お金に余裕のある部署。

秋山進（国際大学GLOCOM客員研究員）

●英語力（ネット上の英文を手軽に読めるレ

ベル）。

高城幸司（人事戦略コンサルタント）

●見込顧客に対する洞察。

ライフスタイルと技術のトレンド。

基本的な管理会計。

永田豊志（知的生産研究家、ショーケース・ティービー取締役副社長）

●本業が向かっているベクトルをきちんと理解し、それに対する新規事業の意味づけ、存在価値を分かっていること。

小笹芳央（リンクアンドモチベーション代表取締役会長）

●社内起業の場合、会社が銀行。お金を引き出す事業計画力と財務知識。

渡瀬ひろみ（ぱど代表取締役社長）

著者コメント

起業そのものに関する方法論的な知識よりも、事業や顧客、市場に関する基礎的なことの重要性が指摘されています。

スキル

●社内における調整力。

●経営者を納得させることができる説明力・プレゼンテーション力。

●社内で周囲の協力を取りつけていくためのコミュニケーション力。

●社内のどこで、誰と議論をして決めていくのかのアジェンダコントロール。

真田哲弥（KLab代表取締役社長）

●1人でビジネスはできないので、自分が行おうとしていることを周囲に語り、共感を勝ち取り、喜んでフォローしようと思わせるリーダーシップ。

野田稔（明治大学大学院教授）

古野庸一（リクルート組織行動研究所所長）

●論理思考力。物事を正しく捉え、解釈し、自分なりの結論を出すこと。

伊藤羊一（ヤフー ピープル・デベロップメント統括本部 ヤフー・アカデミア本部 本部長）

●新規事業生態系構築力（何かトラブルが起こった時にすぐ対処できるように、人の得意分野を把握しておく等、常にあらゆる手立てを自分の手が届く所に置いておく力）。

守屋実（シリアルアントレプレナー）

●必要なスキルは、変化していく。
最初は、質問をする力。
返ってきた言葉に耳を傾ける力。
次いで「不」に感情移入する力。
その「不」をひっくり返して「夢」を描く力。
そして「夢」をカタチに落とし込む力。
そのカタチを作る「ヒト・モノ・カネ・トキ」を計算する力。
そうして組み上がった計画に賛同してもらうために、組織を説得する力。
最後に、それを社会に向かって実行する力。

くらたまなぶ（元リクルート新規事業開発室長）

●複眼的な思考術。問題点やゴールへの道のりを可視化できるスキル。

永田豊志（知的生産研究家、ショーケース・ティービー取締役副社長）

●懐疑的思考力。論理的思考力。仮説構築力。人をそそのかす力。レトリック力。

井上 功（リクルートマネジメントソリューションズ エグゼクティブプランナー）

●中小企業の社長並みのマルチタスクをこなす時間管理スキル。

渡瀬ひろみ（ぱど代表取締役社長）

著者コメント

プランニングなどの専門的なスキルよりも、自分で考えて答えを出す力、周囲を動かしていくためのスキルの重要性が指摘されています。

行動

●勇気を持って、自らはじめの一歩を踏み出すこと（水に入らなければ、そもそも泳ぐことはできない）。

竹林一（ドコモ・ヘルスケア代表取締役社長）

●幅広い分野に興味を持つこと。考えるだけでなく、実際に人に会って話を聞き、会話してみること。とりあえず「やってみる」という行動が大事。

西岡 務（日東電工CTO）

●経営者に対するホウレンソウ（報告・連絡・相談）。

●何かあった時に周囲が協力してくれるような関係性を普段から作っておくこと。

真田哲弥（KLab代表取締役社長）

●強引に相手を説得するのではなく、相手の価値観を満たしながらコンセンサスを作っていくこと。

小倉広（ビジネス書作家）

●実現するまでやり続けるしつこさ。

西口尚宏（JIN専務理事）

●いい時に、いい場所にいること（そのためには普段から色々な所に顔を出すこと）。

●信用されること（公私混同がないこと）。

●普段から発信すること。

●あらゆることに持論を持つこと。

秋山進（国際大学GLOCOM客員研究員）

●「いまやる、すぐやる、いつもやる」。

●チャンスの逃げ足は速い。「ここぞ」という時にすぐに対応できるように、普段から「クセづけ」ておく。

守屋実（シリアルアントレプレナー）

●頭でっかちに考えたアイデアは、たいてい失敗する。市場の声を聞きまくり、インサイトをつかむことが重要。

伊藤羊一（ヤフー ピープル・デベロップメント統括本部 ヤフー・アカデミア本部 本部長）

●「調べる・聞く・やってみる」の果てしない繰り返し。

くらたまなぶ（元リクルート新規事業開発室長）

●「企画書」については、夢に出てくるまで悩んで初めて一人前。

山田英夫（早稲田大学ビジネススクール教授）

●たとえ失敗しても短期的な自分への評価を気にせず、腹を括って行動すること。

小笹芳央（リンクアンドモチベーション 代表取締役会長）

著者コメント

起業の現場だけでなく、普段の仕事をしている時から心がけておくべき行動が、社内起業家を目指す人にはありそうです。

姿勢・スタンス

●陽気で強気、そして笑顔（しんどくてもリーダーを演じる）。

竹林一（ドコモ・ヘルスケア代表取締役社長）

●決してめげない姿勢。仕事を徹底して楽しむスタンス。

井上功（リクルートマネジメントソリューションズ エグゼクティブプランナー）

●他者の意見に対しても、謙虚に耳を傾けられること。

西岡務（日東電工CTO）

●真摯。メンバーに対しても、その事業を応援してくれる経営陣に対しても、真摯であること。

古野庸一（リクルート組織行動研究所所長）

●「健全な危機感」を常に持ち、「何かをしたい、しなければ」という〝渇望〟の状態に自分を追い込むこと。常に何かを求める貪欲さ、ハングリー精神。

細井俊夫（オムロンソーシアルソリューションズ代表取締役社長）

●「一点集中、全面展開」。起業に特化しているのだから、起業に集中。そして、起業に関することは、幅広く何にでも興味を持ち、出来る限り試してみる。

守屋実（シリアルアントレプレナー）

●いくつかの領域で専門性があり、他の領域でも人との会話を楽しむこと。

●色々な人同士をつないであげること。

●あらゆる場面で「価値」を提供すること。

秋山進（国際大学GLOCOM客員研究員）

●「社会の利益」と、「自社の利益」を合わせていくスタンスを取ること。

吉井信隆（インターウォーズ代表取締役社長）

●既存のやり方や考え方について、「本当にそうか？」といつも疑ってかかる目。

真田哲弥（KLab代表取締役社長）

●新規事業を手掛けたい人は、「阻止されてでもやりたい！」と強く思うこと。一度阻止されてやめる程度であれば、初めからやらないほうがいい。

●時々、「新規事業をやりたい（新しい事なら何でもいい）」という人がいるが、これはニセモノ。「○○事業がやりたい！」というのがホンモノ。

山田英夫（早稲田大学ビジネススクール教授）

●小さく始め、回してみて、失敗を次に活かす、という回転をいかにスピーディーにできるか。

伊藤羊一（ヤフーピープル・デベロップメント統括本部ヤフー・アカデミア本部本部長）

●高い志やリーダーシップという項目は、統計的には有意差はない（それらがあっても失敗した事業はたくさんある）。どう行動するか以前に、多くの人の前で行動を起こす「勇気」こそ必要。

永井猛（早稲田大学ビジネススクール教授）

● 青臭さとしたたかさの両面を併せ持つ「青黒さ」。

野田稔（明治大学大学院教授）

● 「成果＝正しさ×共感性」の法則で考えること。どんなに優れた企画でも、共感が得られず人が動かなくては成果はゼロ。逆に多少のズレがある企画でも人が動くならば必ず成果は出る。

小倉広（ビジネス書作家）

著者コメント

起業家は特別な存在に映りますが、どの言葉も起業家に限らず、ビジネスマンとして大事にすべき姿勢です。

マインド

● 順風も、逆風も楽しむ（状況は常に変化する。変化を楽しむ）。

竹林一（ドコモ・ヘルスケア代表取締役社長）

● 世の中に対する好奇心。好奇心があるから、色々なアイデアが浮かんでくる。

● 常にポジティブであること。結果に結びつくまでには時間がかかる。ここをクリアするのに必要なのはポジティブなマインド。

伊藤羊一（ヤフー ピープル・デベロップメント統括本部 ヤフー・アカデミア本部 本部長）

● 会社で出世しようと思ったら、新規事業には手を挙げないほうがいい。「どうしても○○がやりたい！」という強い思いを抱いたら、出世のことは忘れること。

山田英夫（早稲田大学ビジネススクール教授）

●24時間考えても良いアイデアが出ないなら、25時間考える。「誰も見たことのない景色」を創り出すマインドを持つこと。

吉井信隆（インターウォーズ代表取締役社長）

●さまざまある社会問題、自分自身や自分の周囲にある困り事を絶対に解決したい、という気持ち。執念・情念のレベル。

井上功（リクルートマネジメントソリューションズ エグゼクティブプランナー）

●義憤や面白がりという個人的な体験を元にした、「物事を変えたい！」というパッション（情熱）。

西口尚宏（JIN専務理事）

●目の前の事実を研ぎ澄ましてみようという気持ち。目の前の事実に注目し、神経を研ぎ澄ませてひとつひとつ課題を見つける。そして課題を解決していく。

細井俊夫（オムロンソーシアルソリューションズ 代表取締役社長）

●新しい価値を生み出すことに、絶対にめげないこと。

高城幸司（人事戦略コンサルタント）

●「儲けたい」のではなく、「世の中を変えたい！」と本気で信じ込むこと。

永田豊志（知的生産研究家、ショーケース・ティービー取締役副社長）

●「着眼大局、着手小局」。理想家の心と現実的でシビアな分析の両面を持つこと。

小倉広（ビジネス書作家）

●あきらめない。へこたれない。くじけそうになったら、「夢」を再確認する。

くらたまなぶ（元リクルート新規事業開発室長）

著者コメント

起業家というと、派手で目立つ印象がありますが、表には現れにくい内面的な強さが多く指摘されています。

寄稿者プロフィール（50音順）

氏名	所属・職業	事業内容・活動内容・専門領域
秋山 進	国際大学GLOCOM客員研究員（イノベーション行動科学担当）	著書『「一体感」が会社を潰す 異質と一流を排除する〈子ども病〉の正体』で、企業組織が抱える様々な課題を指摘。
伊藤羊一	ヤフー株式会社 ピープル・デベロップメント統括本部 ヤフー・アカデミア本部 本部長	ヤフーの次世代リーダー人材を育成する役割を担う。グロービス経営大学院客員教授。
井上 功	株式会社リクルートマネジメントソリューションズ エグゼクティブプランナー	企業におけるイノベーション創出を支援する事業の研究・開発・実践を推進。iセッション® なども提供。多くのイントレプレナーを取材。
小倉 広	ビジネス書作家	ビジネスマンの働き方に関する著書多数。主著に『アルフレッド・アドラー 人生に革命が起きる100の言葉』『任せる技術』など。
小笹芳央	株式会社リンクアンドモチベーション 代表取締役会長	「モチベーション」をテーマとした企業変革や組織活性化を支援する組織人事コンサルティング事業を展開。著書に『会社の品格』など。
くらたまなぶ	元株式会社リクルート新規事業開発室長	株式会社あそぶとまなぶ代表。「フロム・エー」、「エイビーロード」、「じゃらん」など数多くの新事業を生み「創刊男」の異名をとる。
真田哲弥	KLab株式会社 代表取締役社長	学生時代から数々のベンチャー企業を創業してきたシリアルアントレプレナー。多くの若い起業家に慕われる兄貴分的な存在。
高城幸司	人事戦略コンサルタント	株式会社セレブレイン代表取締役社長。ビジネスマンを対象とした働き方に関する著書多数。近著に『「課長」から始める 社内政治の教科書』がある。
竹林 一	ドコモ・ヘルスケア株式会社　代表取締役社長	NTTドコモとオムロンの合弁会社の社長。両社の強みを活かし、スマートフォンを活用した新事業の創出に従事。
永井 猛	早稲田大学ビジネススクール（大学院商学研究科）教授	専門はマーケティング戦略、経営戦略。商学部で起業家養成講座の講義も持つ。主な著著に『富と知性のマーケティング戦略』がある。
永田豊志	知的生産研究家、株式会社ショーケース・ティービー取締役副社長	ITベンチャー企業の経営並びに知的生産性を高める著書を多数執筆。主著に『知的生産力が劇的に高まる 最強フレームワーク100』『図解思考の技術』など。
西岡 務	日東電工株式会社　全社技術部門部門長 CTO	「グローバルニッチ」を標榜し、電子素材、自動車製品、工業製品など様々な分野で世界トップシェアを誇る日東電工の技術最高責任者。
西口尚宏	一般社団法人Japan Innovation Network（JIN）専務理事	大企業からイノベーションは興らないとの定説を覆すため、大企業向け「イノベーション加速支援者」として、経営陣やボトムアップ活動と連携。
野田 稔	明治大学大学院グローバルビジネス研究科 教授	専門は組織論、経営戦略論。様々な企業のイノベーション創発に取り組む。一般社団法人社会人材学舎塾長として人材の育成にも従事。
古野庸一	株式会社リクルートマネジメントソリューションズ 組織行動研究所 所長	「個と組織を生かす」マネジメント機能の向上に貢献することを目的に設立された研究所で、人の働き方についての研究に従事。
細井俊夫	オムロンソーシアルソリューションズ株式会社 代表取締役社長	オムロングループで鉄道の自動改札機や道路の信号機など社会インフラ事業を担い、常に社会課題の解決という目線で事業に取り組む。
守屋 実	シリアルアントレプレナー	ラクスル、ケアプロ、メディバンクスなど数々のベンチャー企業に出資し、経営参画して事業成長させてきた起業家。
山田英夫	早稲田大学ビジネススクール（大学院商学研究科）教授	専門は競争戦略、ビジネスモデル。大手企業の社外監査役も歴任。主著に『競争しない競争戦略』『異業種に学ぶビジネスモデル』。
吉井信隆	インターウォーズ株式会社 代表取締役社長	イオン銀行、オイシックス、ショップ99、bjリーグなど、100社を超える企業の新規事業開発に携わってきたインキュベータ。
渡瀬ひろみ	株式会社ぱど　代表取締役社長	リクルート社時代に「ゼクシィ」を起業。その後も「アントレ」など様々な社内新規事業に携わり、社外でも様々な起業家育成プログラムの委員を務めた後、現職。

（2015年6月時点）

付録　事業展開の整理フォーマット①　自社の過去の事業展開を振り返る

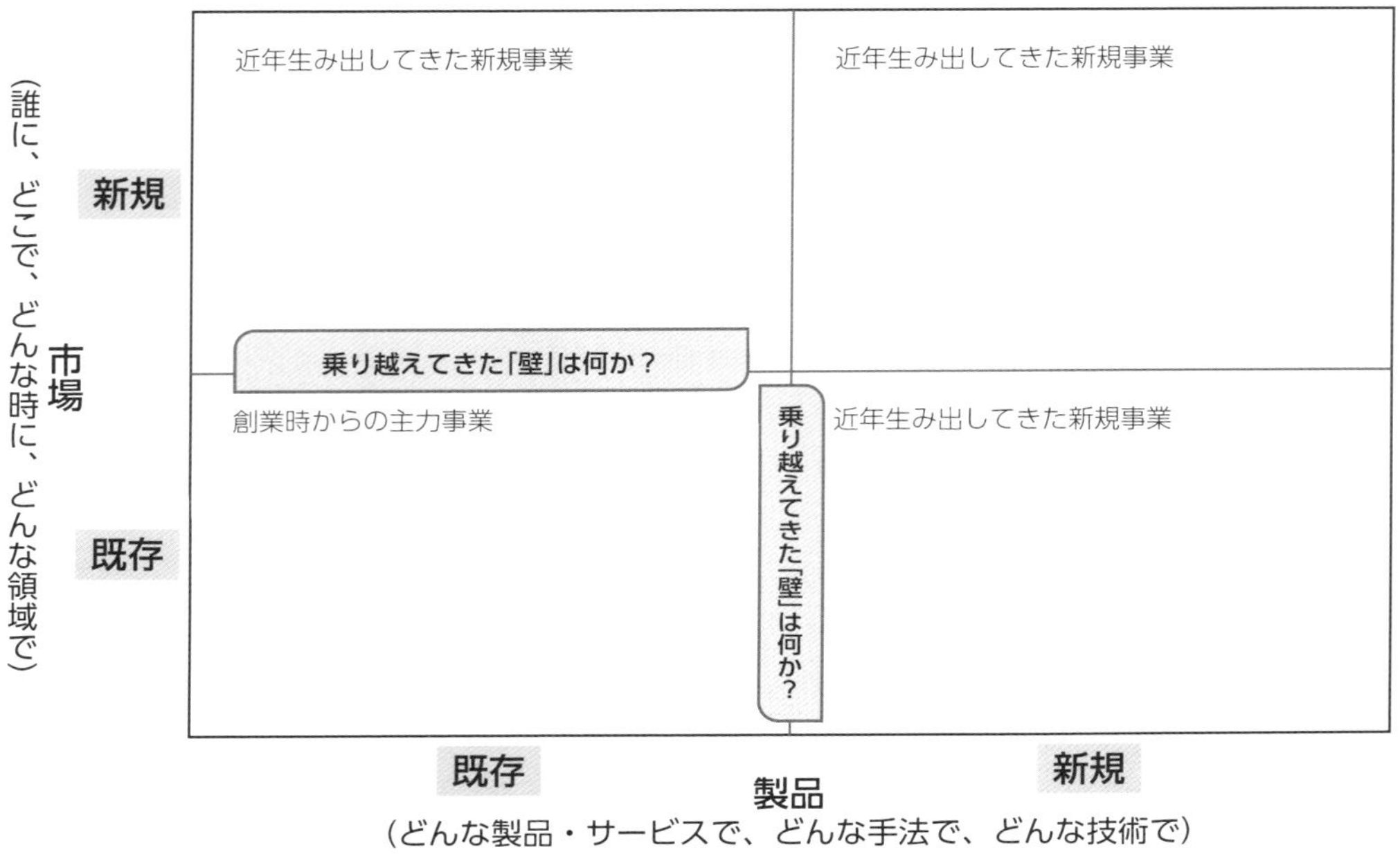

付録　事業展開の整理フォーマット②　自社のこれからの事業展開を考える

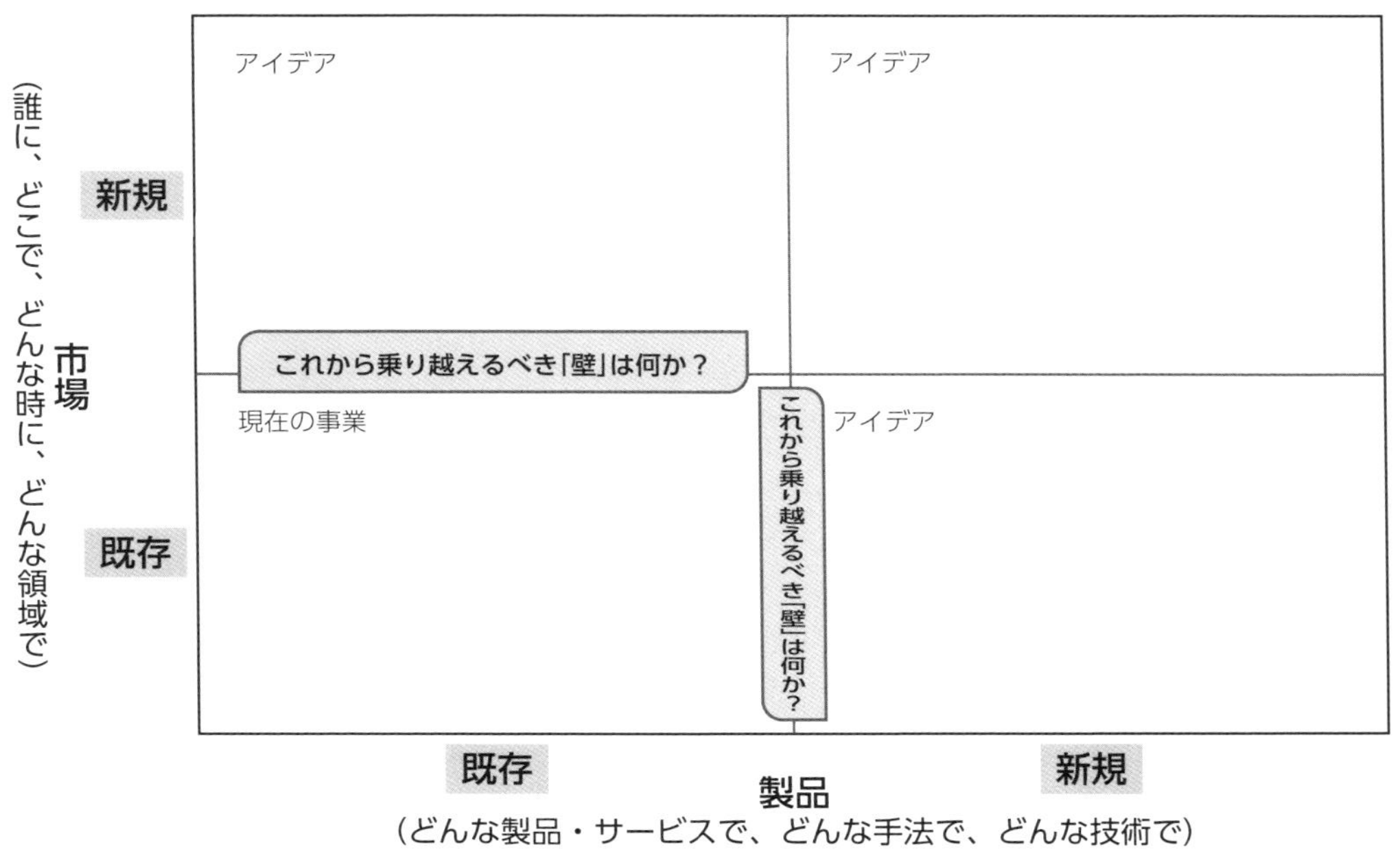

付録　事業アイデアシート①　「不」の分析（「国算理社」思考法）

【国語の時間】誰がどんな「不」を抱えているか？

誰がどんなことを不便に感じている？
誰が何に不満を感じている？
誰が何をつまらなく感じている？　など
できるだけ具体的に生々しく。

【算数の時間】「不」の大きさは？

「不」の大きさ
＝「不」を感じている人の数
×「不」を感じている頻度
×「不」の深さ・深刻さ

【理科・社会の時間】どんな理由・背景で「不」が生じているのか？

そのような「不」が生じている
理由・背景を抽出・分析

どうやって「不」を解消する？

付録　事業アイデアシート②へ

付録　事業アイデアシート②　アイデア出し

どうやって「不」を解消する？

製品・サービス名

仮タイトル
（わかりやすい名前で）

誰に　(Who)

ターゲット像
（できるだけ具体的に、生々しく）

どこで、どんなシーンで、どんなサービスを　(Where、When、What)

提供する製品・サービス
（WhereとWhenは書ける範囲で）

どうやって、いくらで？　(How、How Much)

製品・サービスの提供方法
（How Muchは課金方法・料金体系・金額）

既存の製品・サービスと比べた提供価値　(Why)

世の中の既存製品・サービスとの違い。
自社の強みをどう活かすか。
どこで新たな価値を生むことができそうか。　など

おわりに

企業の中から、たくさんの新しい事業が生み出されるようになることを目指して、仕事をしてきました。

私1人で世の中に貢献できる大きさには限りがあります。しかし私が企業に働きかけ、「新しく事業を生み出そう」と考える人を増やし、社員が起案できるきっかけをつくることができれば、会社も、そして世の中も大きく変えていくことができる。会社組織で働く人も、いまよりもっと元気になれるはず、そう信じて取り組んできました。

昨今は独立起業する人に注目が集まりがちです。しかし実は、企業人にこそ多くの起業のチャンスがあるのです。会社が持つ経営資源をうまく活用することで、独立起業よりも有利な条件で新たな事業を世の中に生み出せるチャンスを企業人は持っています。

組織と、そこで働く人の関係のあり方は、近年大きく変わってきています。企業人のみなさんには、ぜひ企業人であることの「強み」を存分に活かしていただきたいです。

「自ら機会を創り出し、機会によって自らを変えよ」。これは、昔のリクルートの社是です。自身の周りにある機会に気づき、チャレンジする新規事業担当者のみなさんの傍らで、これからもインキュベータとして伴走させていただきたい。そう強く願っています。

これまで多くの経験と学びの機会をいただいてきたことに、深く感謝しています。

リクルートの新規事業開発室で上司としてお世話になったくらたまなぶさん、原豊さん、香山哲さん。早稲田大学ビジネススクールの恩師である永井猛先生、山田英夫先生。リクルート時代にいっしょに起業した巻口隆憲さん、高橋信太郎さん、故信國乾一郎さん。All About創業の機会をくれた江幡哲也さん、大庭広巳さん、ともに事業をつくったAll Aboutの仲間。独立後にさまざまな企業での活動機会をつくってくださった井上功さん。その他さまざまな新規事業の取り組みでごいっしょさせていただいてきた数えきれないほどの方々に深く感謝をしています。

経験させていただいてきたことを、この本を通じて少しでも世の中にお返しできれば、それに勝るよろこびはありません。その機会を与えてくれ、1年半にわたりお付き合いくださったユーキャン学び出版の鈴木宣明さんにも深くお礼を申し上げます。

石川　明

著者プロフィール

石川 明（いしかわ・あきら）

株式会社インキュベータ（旧：石川明事務所）代表取締役
早稲田大学ビジネススクール研究センター特別研究員
ＳＢＩ大学院大学ＭＢＡコース客員准教授
◎リクルート社で７年間、新規事業開発室のマネジャーを務め、リクルート社の起業風土の象徴である社内起業提案制度「New-RING」の事務局として1,000件の事業案に携わる。
◎2000年にリクルート社社員として「All About」社を創業し、2005年JASDAQに上場。10年間、事業企画・事業運営の責任者を務める。
◎2010年、社内起業に特化し業務を請け負う事務所を設立し独立。以降、大手企業を中心に、新規事業の創出、新規事業を生み出す社内の仕組みづくり、創造型人材の育成に携わっている。
◎リクルート社時代も含め、携わってきた新規事業・企業内起業家は、100社、1,500案件、3,000名。
◎インキュベータとしての信条は、「起業する本人の思いやこだわりを尊重すること」「喜びや憤りへの共感と俯瞰する目線の両立」「当人より前には出ず、斜め後ろを伴走すること」
著者Facebookページ：https://www.facebook.com/incubator.ishikawaakira/
（株式会社インキュベータ）

組版・DTP　有限会社 中央制作社
カバーデザイン　萩原弦一郎
企画編集　鈴木宣明（株式会社 ユーキャン）

はじめての社内起業「考え方・動き方・通し方」実践ノウハウ

2015年７月24日　初版　第１刷発行
2020年６月15日　初版　第６刷発行

著　者　石川 明
発行者　品川泰一
発行所　株式会社ユーキャン学び出版
〒151-0053 東京都渋谷区代々木1-11-1
Tel 03(3378)2226
発売元　株式会社自由国民社
〒171-0033 東京都豊島区高田3-10-11
Tel 03(6233)0781(営業部)
印刷・製本　大日本印刷株式会社

※落丁・乱丁その他不良の品がありましたらお取り替えいたします。
お買い求めの書店か自由国民社営業部(Tel 03-6233-0781)へお申し出ください。